2062

人工智慧創造的世界

2062: THE WORLD THAT AI MADE

TOBY WALSH
托比・沃爾許｜著
戴至中｜譯

經營管理　158

2062：人工智慧創造的世界

2062: THE WORLD THAT AI MADE

作　　者　托比・沃爾許（TOBY WALSH）
譯　　者　戴至中
校　　對　呂佳真
責任編輯　文及元
行銷業務　劉順眾、顏宏紋、李君宜

總 編 輯　林博華
發 行 人　凃玉雲
出　　版　經濟新潮社
104 台北市民生東路二段 141 號 5 樓
電話：(02)2500-7696　傳真：(02)2500-1955
經濟新潮社部落格：http://ecocite.pixnet.net
發　　行　英屬蓋曼群島商家庭傳媒股份有限公司城邦分公司
台北市中山區民生東路二段 141 號 11 樓
客服服務專線：02-25007718；25007719
24 小時傳真專線：02-25001990；25001991
服務時間：週一至週五上午 09:30-12:00；下午 13:30-17:00
劃撥帳號：19863813；戶名：書虫股份有限公司
讀者服務信箱：service@readingclub.com.tw
香港發行所　城邦(香港)出版集團有限公司
香港灣仔駱克道 193 號東超商業中心 1 樓
電話：25086231　傳真：25789337
E-mail: hkcite@biznetvigator.com
馬新發行所　城邦(馬新)出版集團 Cite(M) Sdn. Bhd. (458372 U)
41, Jalan Radin Anum, Bandar Baru Sri Petaling,
57000 Kuala Lumpur, Malaysia.
電話：(603) 90578822　傳真：(603) 90576622
E-mail: cite@cite.com.my
印　　刷　漾格科技股份有限公司

初版一刷　2019 年 10 月 31 日
ISBN：978-986-97836-5-1

定價：400 元　　Printed in Taiwan

推薦序

二〇六二，真正的奇點即將到來

文／陳芳毓

書名《二〇六二》，乍聽像科幻電影片名，內容也使人腦洞大開。

寫這篇心得時，正值溫布頓網球賽。女單冠軍出爐後，官方釋出一支影片：一位老師傅拿著尺規與刻刀，將冠軍 Simona Halep 的名字，一筆一畫，吃力地刻在一座有歷年冠軍名字的獎盃上。不到一天，在臉書（Facebook，FB）已有近四百則留言，分享近八千次。

我幻想：若把時間快轉到四十三年後、二〇六二年的溫布頓——本書作者托比．沃爾許（Toby Walsh）推測那將是人工智慧超越人類的「奇點（singularity；人工智慧的能力超越人類的時間點）之年」——影片主角老師傅，會不會被換成一管閃紅光的雷射槍？

而作為觀眾，你期待看見由誰來紀錄這個神聖時刻？一隻機器手臂，或一雙靈活的人類十指？

人類終極恐懼：會不會被人工智慧取代？

從工作、戰爭、平等、隱私到政治，科技的應用範圍愈廣，人們的疑問也愈多，最終的恐懼無非是：人類，會不會被人工智慧取代？

作者沃爾許的態度是樂觀的。他細緻梳理各種關於人工智慧的「都會傳說」，如「數萬種工作將被人工智慧取代」、「機器人上戰場可減少軍人傷亡」、「用演算法決定保費最公平」等，再一一提出證據反詰，試圖打破對科技的恐懼與崇拜。

就拿工作來說，上個世紀開始，每隔一段時間就有學者或調研組織發出警告：數以萬計的人類工作將被機器取代；有些報告甚至能精準指出，有四七%至七七%的工作，可能因為由科技取代而消失。

作者質疑這類數字過於聳動，而且有三個漏洞：

（一）工作過於複雜，用人工智慧做不來；

（二）工作過於廉價，用人工智慧划不來；

（三）工作過於社交，人類顧客與人工智慧處不來。

比如修理腳踏車，這是一個看來簡單、實則細膩的工作。首先，腳踏車有許多非標準零件，難以自動化；其次，這不是高薪工作，用人工智慧無法產生經濟效益。最重要的是，許多車友會趁修腳踏車時跟老闆交換情報，即便有又快又好的修腳踏車機器人，顧客們可能還是偏好找人類來修。

也就是說，那些嚇人的報告往往只考慮到，工作自動化在技術上是否可行，卻忽略在經濟上與人性上是否實際。

機器已取代勞力，現在還要取代認知

但作者同時務實地指出，固然有工作會因人工智慧衍生出新機，但有些工作註定要消失。一位化學家可能因自動化提升工作效率，而有餘裕做更多創新；但一位洗窗工人卻可能因為工作貴又危險，而被機器取代。

二〇一五年美國研究顯示，最可能被犧牲的是二十一到三十歲、沒有大學學位的美國男性。他們曾是勞動骨幹，但在調查前十二個月，有二二%的人完全沒有工作過。

不只藍領岌岌可危，白領也非高枕無憂。上法庭辯論需要資深律師，但搜集資料等法務助理的工作可能會被自動化取代。

工業革命時代，機器取代了勞力工作，但認知工作還是歸人類掌管。但當人工智慧將認知工作也拿下之後，到了二〇六二年，還有什麼歸人類？

到了這個階段，人工智慧面臨的不只是技術或經濟問題，而是倫理與價值的選擇。

每家公司都需要一位「哲學長」

就拿經典的哲學問題「電車兩難」來說：電車開在軌道上，眼看就要撞死綁在主幹道上的五個人。但你手上握有控制桿，只要用力一拉，就能將電車導向支線，支線上「只」綁著一個人。這時候，你該不該拉下控制桿？

你可以把這個頭痛的問題擱一邊，但設計自動駕駛系統的廠商，可不能對此含混過關——因為它真的可能在道路上發生。然而，連人類都尚未形成共識的問題，又該如何教機器人「思考」？

而當人工智慧結合破壞力更大的系統，如軍事無人機，就不是「一人 vs. 五人」的選擇，而是「數十人 vs. 上千人」的生死交關。萬一誤炸平民，誰要負責？誰該接受軍事審判？

「有鑒於電腦的一板一眼，我們在價值上必須比以往更精準，因為我們給予人工智慧系統的決定能力會衝擊到我們，」作者提醒，人類千百年都理不清的事，如今卻被科技推著釐清，也是意外收穫。

到了二〇六二年，每家公司可能都需要一位「哲學長」，以確保人工智慧系統能反映人類價值，哲學的黃金時代將再度降臨。

所以，別擔心誰來刻獎盃了；說不定二〇六二年與人類在溫布頓對打的，已經是機器人了——等等，這符合倫理嗎？

（本文作者為《天下雜誌》未來城市頻道總監，曾任《經理人》《遠見》雜誌主編、《天下雜誌》用戶成長主編）

推薦序

二〇六二，就在此時此地

文／蔡志浩

當人工智慧與人類智慧相當、甚至超越的那一天到來，這個世界會是什麼樣子？這問題乍看很遙遠，卻也很實際。《二〇六二》引導我們尋找當下的意義，重新反思自身存在的本質，檢視對自我與世界的假定，以及思考究竟該如何想像與設計更理想的未來。

建造人工智慧，可以幫助我們了解人類的智慧

近年大眾對人工智慧開始有一些過於簡化的想像。很多人把它當成單純的技術，或只是解決複雜問題的工具。大家都忘了，做為一個基礎學科，人工智慧和其他基礎學科一樣，都還在試著了解智慧現象的本質。

智慧是個龐大複雜的現象。心理學、神經科學與生命科學藉由分析既有的智慧系統試著了解它們的機轉。語言學與哲學在結構與抽象的層次探索智慧。人工智慧藉由建造有智慧的系統來試著了解智慧。每一個領域都對其他領域有所啟發，人工智慧也能幫助我們了解人類智慧。

就像人類研究鳥類數千年都沒能學到飛行的原理。直到一百多年前開始嘗試建造飛行機器，才在建造過程中洞察到飛行的奧祕。人類把飛行問題解得更好，並利用這些知識了解鳥類。重點是，雖然飛機跟鳥長得不像，動作也不像，但飛行的原理是完全一致的。

這就是為什麼任何人都應該對人工智慧感到興趣。不只日常的智慧運作，許多關於智慧的終極問題，例如意識的本質，以及倫理議題，人工智慧的進展都能帶給我們一些啟發。你最需要的是好奇心。不需要恐懼，也不需要有太浮誇的期待。

我們熟悉的一切終將消失，而這或許是件好事

很多人擔心人工智慧會全面改變這個世界：我們熟悉的工作與生活型態都會消失，我們和機器的關係必須重建，倫理與價值觀必定受到衝擊，存在的本質與生命的意義也會改變。

但是我們熟悉的一切並不完美。就說工作吧。工業革命之後的典範其實是非常扭曲的：工作過度集中在大都市，過度分工，過度階層化，很難促進個人成長，也很難和休閒共容。

再回顧歷史，工作不盡然都是「被取代」，更多工作是「自然就會消失」。例如年輕一輩的人

可能不知道以前台北車站是有擦鞋匠的。隨著商務活動與穿著習慣改變，穿皮鞋的人少了，擦皮鞋的工作也跟著消失。甚至可以說，沒有哪個工作是永久的。

而科學的進步本來就會促進新倫理的形成。例如隨著心理學知識的累積，以往很多基於族群、性別與年齡等的歧視性的制度都逐漸消失。你可能難以想像，一百年前的美國還曾經用智力測驗篩選移民呢。

我們所熟悉的一切或許終將消失。人工智慧或許也的確會加速這個進程。但只要我們仍有理想主義，懂得透過合作（人與人、人與機器）逐步邁向理想，那麼舊世界的消失或許是件好事。

從來不是科技控制我們，而是我們放棄了主宰人生

我們都喜歡活在舒適圈：一個規律的、可預測與可控制的世界。於是談論未來時，很常出現「失控」這個詞。這就回到了老問題：如何面對無常？世界變化愈來愈快。不用等到未來，我們現在就已經面臨大量的不可預期性了，不是嗎？我們有沒有試著賦能自己，讓自己更能主宰人生，而不是被影響？

舉例來說，過去二十五年科技進步了，生活便利了，這個世界上的人們反而變得更不健康：肥胖盛行率在大部國家都增加了。包括台灣。為什麼？你有沒有意識到，我們一直在尋找阻力最少的、最「舒適」的生活方式，卻逐漸偏離了有足夠的身體活動、更均衡的飲食及睡眠的、最

「理想」的生活方式。

在做設計研究的時候就經常觀察到，消費者很少真的知道自己真正需要什麼，或是知道但不願實踐。但是從另一個角度，從基礎知識卻能推論出人們應該做什麼。而那個應該，往往不是最舒適的，而是耗費腦力與體力的。

面對人工智慧的進展，在想像與設計未來時，我們要思考的還是一樣：不是我們「喜歡」過什麼生活，而是我們「應該」過什麼生活。你會發現多半的時候我們會需要增加自己的阻力，而不是只想著舒適與方便。

這麼說吧。我們把機器訓練得更強的同時，也別忘了把自己訓練得更強。

設計更好的未來，就從現在開始

理想的未來是需要想像與設計的。人工智慧當然不可避免地會成為設計的一部分，或許還能促成更好的設計。但成功的設計從來不會只有技術。需求、商業及技術要能平衡，設計才能實現，改變才會發生。

把人工智慧當成一面鏡子，時時注意它的進展，也時時檢視我們自己。人性的本質是什麼？我們為了什麼存在？如何在基礎知識的協助下更了解自我與世界？什麼是我們真正（而不是自以為）需要的？

活在當下，面向未來。你所熟悉的一切在人類歷史上都不過是一段極短的時期。世界的變化只會愈來愈快。日復一日年復一年重覆同樣的事的時代已經過去了。重新啟動你的大腦，重新發現世界，學習面對不確定性，用理想與視野驅動行動。

你得從現在開始就朝理想邁進。你要開始意識到自己的生活偏離理想有多遠，然後重建自己的生活。你或許必須放棄一些方便的科技，或許也必須用上一些新科技。無論如何，如果你現在就無法主宰人生，以後也不可能。

一九五三年的經典科幻小說《華氏四五一度》(*Fahrenheit 451*)曾預測電視會讓人類停止思考。這事沒有真的發生。未來永遠有多重可能，就看我們現在如何決定。正如《二〇六二》作者所說的，「要確保二〇六二年的世界會是我們想要的樣子，我們就需要大開大闔來思考現今的社會該做的改變。那就開始吧！」

（本文作者為具有認知心理學、語言學與人工智慧背景的認知科學家，美國伊利諾大學教育心理學博士。致力於結合基礎知識與真實需求驅動個人成長與企業創新。曾任教高雄醫學大學，現任台灣應用心理學會常務監事，台灣使用者經驗設計協會理事，悠識數位創新策略總監）

推薦序

現在，就是過去想像的未來

文／王傑智

二〇六二?!

如果我能活到二〇六二，那時候就九十歲了！

現在，我剛好處在九十歲的一半多一點。

過去的四十五年變化巨大，而未來的四十五年，世界又會發展成什麼樣子呢？

我們能不能用過去的經驗來預測未來呢？

我們都活在「過去想像的未來」之中

在我小時候，電視只有三台，台視、中視與華視，休閒時總愛看著漫畫與小說。《小叮噹》

（現在名為《哆啦 A 夢》）、《原子小金剛》與《霹靂遊俠》都是我最愛的節目與故事。而這些電視節目與漫畫家筆下描繪的未來世界總讓人神往。這些萬能智慧機器人與自駕車，都是我小時候心中的英雄與偶像。

隨著科技進步快速，未來並沒有想像中的遙遠，轉眼之間，自己正活在「過去想像的未來」，兒時看過的漫畫、動畫、電視劇或科幻片的情節已經逐漸成真。

相較於我以**數位移民**（Digital Immigrant）的身分，經歷從類比到數位的時代變化，我的孩子們就是**數位原住民**（Digital Native），一出生就在有各種 3C 產品環境中長大，彷彿天生就有「趨光性」，一看到各種「亮亮的」螢幕就會靠近，驅使著好奇心加速學習。對於日新月異的科技變化，數位原住民根本沒在怕，很快就能上手。

現在孩子們從 YouTube 與其他數位媒體中學到很多知識，他們會與我分享從 YouTube 上看到自駕車的最新影片，然後我們一起討論。當孩子們有機會搭乘我們團隊研發的自駕車時，他們的淡定和我的興奮形成強烈對比。從孩子們的反應中，我發現數位移民眼中的新科技，對於數位原住民的新世代而言已經不是什麼新鮮事。

改變，需要鏡子也需要窗

或許我的人生恰好站在通往二〇六二年的中點，因此孩子們像是我的一扇窗，我從他們身上學到想像未來的可能。相形之下，我的成長歷程像是一面鏡子，身為數位移民，歷經從舊到新的科技演化過程，我輩可能對於新科技比較謹慎。

這個世代差異或許也反映在這本書的內容，本書作者托比．沃爾許（Toby Walsh）生於一九六四年，是澳洲新南威爾斯大學教授，也算是數位移民。這本書彙整人工智慧如何在生活、工作、媒體、政治等層面對我們造成的影響，讀起來感覺是照著一面鏡子，也像是打開一扇窗。

作者主張，到了二〇六二年，人工智慧會和我們一樣聰明，結果會衝擊到我們的工作和日常生活，左右經濟、政治、戰爭甚至生死。至於為什麼是二〇六二這個年份，可以想成是雷．庫茲威爾（Ray Kurzweil）提出的奇點（singularity，人工智慧的能力超越人類的時間點），只是每個人對於奇點到來的時間各有解讀，讀者只要當成這是眾多可能中的一種即可。

我這個數位移民必須加快學習新觀念和新事物的速度，趕緊做好面對下半場人生的準備；這本書也提醒未來主人翁的數位原住民，在擁抱科技之餘，也要了解科技是雙面刃，對於科技保有警覺。

我們都是人工智慧移民

未來有無窮的可能性，人工智慧正在扮演一個非常重要的角色。我們數位移民與數位原住民都即將變成**人工智慧移民**（AI Immigrant）。在人工智慧技術不斷精進中，我們將一起追求與經歷大躍進式的轉變與典範轉移。我們也同時要一起面對與解決許多典範轉移過程中所發生的問題與挑戰。我相信二〇六二絕對不會是末日，而是舊時代的結束與新時代的開啟。

（本文作者為交通大學電機工程學系教授、工業技術研究院機械與機電系統研究所數位長。卡內基美隆大學〔Carnegie Mellon University〕機器人研究所博士，二〇〇五年於臺灣大學資訊工程系任教、二〇一五年在蘋果公司〔Apple〕特別專案部〔Special Projects Group，SPG〕參與新產品研發）

目錄

（按：本書原文書完成於二〇一八年，內容以當時環境與局勢為背景）

第二章

我們的末日

51

第三章

意識的末日

97

第四章　工作的末日　117

第五章　戰爭的末日　143

各界讚譽

「托比．沃爾許說得令人心服口服：『哲學的黃金年代才正要開始』——證明從現在到二〇六二年，我們所遭逢的疑問將既龐雜又急迫。這是在以擲地有聲的邀請來想像我們所要的未來，並以熱切的激勵來使它成真。」

——布萊恩．克里斯汀（Brian Christian），《人性較量》（*The Most Human Human*）作者暨《決斷的演算》（*Algorithms to Live By*）共同作者

「假如想要探索人工智慧所形塑的顛覆式未來，可能會是什麼樣，那就看這本書。」

——詹姆斯．坎頓（James Canton），全球未來學院（Institute for Global Futures）執行長暨《未來智慧》（*Future Smart*）作者

「有朝一日，機器將在所有形式的普遍智慧上超越人類。這會在什麼時候發生？根據針對專家的調查，答案是二〇六二年。對於接下來可能會發生什麼事，假如你想要窺得有憑有據的推測，這本托比．沃爾許的精彩新書就是不二之選。」

——艾瑞克．布林優夫森（Erik Brynjolfsson），麻省理工學院教授暨《第二次機器時代》（*The Second Machine Age*）共同作者

「在充滿迷霧與不確定的世界裏顯得清晰又清醒，這本書是以人類的續存競賽為題的及時著作。」

——李察．華生（Richard Watson），《數位與人性》（*Digital vs. Human*）作者暨倫敦帝國學院（Imperial College）駐校未來學家

「『接下來會怎樣？』是驅使人類好奇與創新的提問。到了二〇六二年，沃爾許所問的這個問題在我們的視界中會是數一數二的緊要關頭——屆時機器將變得跟人類一樣有智慧。假如你正在尋找路線圖來幫忙導航未來，不用另覓他途了。」

——喬爾．韋納（Joel Werner），廣播從業員暨科學記者

「人類群體所面對最深入的提問之一，並且是由對這項任務再勝任不過的腦袋來思索。去一睹為快吧！」

——亞當・史賓賽（Adam Spencer），廣播從業員

獻給使我的人生如此完滿的A和B

第一章 數位人

人類很了不起。確切來說，儘管這個星球上的生命不計其數，但我們或許是歷來所棲息過最了不起的物種。我們使河水倒流，建造了島嶼，並使大自然普遍照著我們的意思來走。我們所蓋的建物令人驚嘆。永垂不朽的吉薩金字塔。綿延不絕的中國長城。令人瞠目結舌的聖家堂。[1] 我們跨越了最熱的沙漠，爬上了最高的山。我們把敞篷跑車送進了太空。我們甚至離開了地球去月球漫步。

我們創立了科學理論來解釋宇宙之謎——從它在一百三十億年前誕生後的毫秒，直到它將來在一古戈爾（googol）年後終告衰亡為止。[2] 我們馴服了火，消滅了天花，並一起聯手推翻了暴君和獨裁者。我們創造了無比宏偉的藝術，使人感動到落淚。巴哈《馬太受難曲》（*St. Matthew*

Passion）的璀璨旋律。米開朗基羅大衛像的赤裸之美。泰姬瑪哈陵的無盡之悲。

儘管這一切的成就非凡，我們卻很快就會遭到取代。智人（*Homo sapiens*）的遺跡幾乎全都會從地球上抹滅，就跟先祖尼安德塔人的遺跡幾乎全都不在了一樣；因為演化永不停息。

在約莫五萬年前，尼安德塔人不敵智人的崛起。我們不曉得尼安德塔人究竟是在什麼時候或如何滅絕，可能是他們適應不了氣候變化——如今應該也是令我們心有戚戚焉的問題。或者可能是智人把他們比了下去，使他們沒有剩餘的生態利基可以存活。

不管是哪個，尼安德塔人顯然是滅絕了，並被我們所取代。就像是我們之前的每個物種，我們也將被新的和更成功的物種所取代。而且由於我們很聰明，別忘了智人裏的「智」(sapiens）其實就是我們物種名稱的一部分，所以我們甚至能預測接班人會是誰。

我們的接班人是數位人（*Homo digitalis*），也就是演化成數位形式的人屬。我們的所作所為和所作所為的地方都會變得日益數位，而且在某些情況下無一例外。人類的思想會被數位思想所取代。現實世界裏的人類活動，則會被人工和虛擬世界裏的數位活動所取代；這就是我們的人工智慧未來。

我的上一本書是在講人工智慧（Artificial Intelligence，AI）的故事，起源自古希臘人，結束於二〇六二年，也就是距離我寫此書時的四十五年後。[3]它是聚焦於科技：我們現今所建造的數位機器約莫到二〇六二年左右，就會開始跟我們一樣有智慧。本書則是從上一本書結尾的地方往下談。[4]它所講的故事是，隨著這些思考機器約莫在二〇六二年誕生，人類在往後的一、兩個世紀會往哪裏去。它所聚焦的不是科技，而是我們；它是在檢視思考機器會帶給人類的衝擊。

我們在談科技時，不會拉到一、兩百年的時間。就像亞瑟·克拉克（Arthur C. Clarke；譯按：已故英國科幻小說家）所說，未來那麼久以後的科技聽起來就有如魔法。[5]更重要的是，我們要拿這種科技**怎麼辦**，因為它將是歷來所發明過最強大的魔法。

智人崛起

我們智人為什麼會變得這麼成功？無論好壞，稱霸這個星球的人為什麼會是我們？智人為什麼會取代尼安德塔人？

尼安德塔人與我們並沒有這麼不同。他們和我們的DNA有九九·七％相同。他們比我們略矮和壯碩，所以表面積對體積的比率較小，代表他們對季節型氣候適應得比較好。儘管他們的智慧成謎，但他們的大腦其實比我們的大。要是基於體型大小的不同來調整，從比例上來說，尼安德塔人的大腦與智人的大腦不相上下。

那我們的優勢是從何而來？我們或許永遠都無法確知。但有一個非常可能的來源是語言。約莫在十萬年前，智人開始發展出複雜的口語。相形之下，尼安德塔人儼然頂多是有過簡單的原始母語。這種原始母語比較接近的八成是音樂，而不是話語。

難以確定的是，這真的是我們成功的原因。在二十世紀的多數時候，討論語言的起源在科學上多半並不受到器重。有鑑於當時可得的證據有限，這個主題的辯論很多都是高度臆測。不少人認為，討論語言是怎麼問世，其實並不是非常有用。巴黎語言學會（Linguistics Society of Paris）在一八六六年創立時，章程裏就包含了以下內容：「本會不接受涉及語言起源或創造通用語言的交流。」一位於倫敦的語文學會（Philological Society）則是在一八七二年下達過類似的禁令。

所以說，在二十世紀的多數時候，語言學家多半是研究現今所存語言的結構，而鮮少考慮它是何以至此。但它是個重要問題。智人何以會獨自發展出複雜的語言？這對我們的演化又造成了什麼衝擊？

甚至到了一九七〇年代，討論語言的起源開始變得再度受到器重時，辯論仍多半固守在語言的演進方式上，而不是什麼時候，或者語言是如何影響了我們的演化。語言學家所主張的是關於語言是不是生來如此，如諾姆·喬姆斯基（Noam Chomsky；譯按：另譯為杭士基）要我們所相信的那樣，或者它是不是從某種比較簡單的原始母語漸次演進而來。較少受到注意的是，對於我們這個物種稱霸這個星球的本領，語言儼然產生了巨大的衝擊。

語言的衝擊

在有口語之前，我們的學習能力是略嫌受限。各代都必須從頭開始重學很多事。當然，有些知識和技能可以靠示範來傳授。我可以帶你去看有毒的植物，或是要怎麼製作木矛，或是要怎麼從雨林的葉子上喝到水。但是，只靠示範來學習既慢又辛苦。一個人必須以手把手的方式指導，帶著另一個人去看他需要知道的每件事。因此，有很多知識勢必因為人們往生而失傳。

演化也是種學習過程，但比起靠示範來學習更加緩慢和失準。當基因所導致的行為會提高有機體的存活率時，它就比較有可能傳到下一代。但這樣的演化只能做到這麼多。母牛並沒有演化成會種植牧草，鯊魚並沒有演化成會養殖海豹。沒有語言，牠們幾乎肯定永遠都不會。

語言全然改變了局面。當我們有了語言，我就能向你**描述**什麼植物該吃和不該吃：「不要吃表面有點的蕈菇，或是那些外觀吸引人的紅莓。」我也能向你描述要怎麼捕鹿：「一定要背對陽光從上風處接近，最好是在拂曉或黃昏。」還有麥子要怎麼種：「春天栽種，夏末收成，要等結霜都融化之後才種。」

但語言的作用，遠大於只是讓下一代比較容易去獵捕食物、採集作物和耕地。它給了我們故事、神話和宗教。語言給了我們天文學和占星術、地理學、史學、經濟學和政治學，它還給了我們科學、科技和醫學；智人有智，就是拜語言所賜。

社會是因為語言而發展，並成長得更茁壯。語言幫助了我們一起工作、化解衝突和信任對方。語言使我們得以發展出以物易物的經濟，以及後來的貨幣經濟。語言幫助了眾人在不同的角色上分工。它驅動了教育，並促成了我們的政治制度。

重要的是，語言代表了不只是我們個人在學習，社會也是。我們的力量現在是**集體式**。當有人往生時，知識再也不會這麼輕易就流失。它可以跨世代流傳，迅速又輕鬆。

尼安德塔人毫無勝算。

書寫的衝擊

當語言變成寫與說兼具時，智人又往前跳了一步。對於我們何以會稱霸這個星球，第二次的步伐轉換就是來自於此。

書寫發展最早是在約莫公元前五千年起於中國，並在約莫公元前三千一百年獨立起於美索不達米亞。書寫使社會得以變得更加複雜。城市開始變成公共生活的既定中心，書寫則把治理它的法令編成了法典。眾人此時得以記錄交易和產權，並制訂刑法；書寫讓城市能以更有秩序的方式來發揮功能。

書寫代表學習不再受限於時間或空間。憑著口語，你只能向聽力所及範圍內的人學習，而使你大大侷限於眼前的社會群體。但知識一旦能寫下來，你所觸及的人群就廣泛多了。

起初書寫當然是既慢又貴，繕寫員要大費周章用手來抄寫文本。舉例來說，以這種方式來抄寫《聖經》就要花上一百多天。有不少人依舊不識字，而只是間接受惠於書寫所帶來的好處。

第三次步伐轉換的出現則近得多，靠的是印刷。古騰堡約莫是在公元一四四〇年發明了印刷機。在接下來的一百年左右，整個歐洲所印製的書還不到十萬冊。只不過在下個世紀當中，這就翻了兩倍而來到超過三十萬冊書。而且在後續的數百年裏，書籍生產再度翻倍來到近七十萬冊書。如今，書則是十億美元的產業，雇用了數十萬人，每年所產出的新作多達數百萬本。[6]

在印刷機大大縮減了生產書籍所必需的成本和時間下，後來被我們稱為文藝復興的時期並非巧合，觀念和學習此時可以傳布得迅速又輕鬆。如今，網際網路則讓我們以非常少的費用就把資訊分享到全球，知識變得便宜又充沛，人類也變得聰明許多。

共同學習

下一次的步伐轉換目前正在發生，它是我所謂「共同學習」的概念，這個觀念跟集體學習的概念密切相關，但稍有不同。

社會學家、人類學家和其他人，把智人描述為是靠群體一起跨世代學習來進步，稱為**集體學

習。各代集體向上一代學習。我們組成群體會比較有智慧，但沒有哪一個人必然比較有智慧。另一方面，共同學習則是指學習並非靠群體為之，而是靠群體內的**每個人**。在共同學習時，每個人都要學習群體中其他任何人所學習的每件事。群體中的每個個人都共享同樣的知識，於是群體中的每個人都變得更有智慧。

藉由口語，可以橫跨包含數十或數百人的群體共同學習。你對我解釋某件事，我就學起來。透過書寫，我們則能把這增加到數百萬甚或數十億件。你把所學到的事寫下來，任何一個讀到這則書寫的人就能學到同樣的事。但有很多技能，我們沒辦法對別人講清楚。像是你在學騎腳踏車時，可能會和我初學騎車時一樣辛苦，但我沒什麼能說出來或寫下來的事，好讓你比較輕鬆一點。

在共同學習時，語言也不是完美的媒介，因為我們的溝通語言八成**不是**思考語言。我們必須把思考轉譯為語言，再把那些觀念寫下來或說出來。然後對方必須把這樣的語言轉譯回思考；這是緩慢、困難又棘手的過程。

這就把我們帶向了學習時最終的步伐轉換——它將為數位人帶來無比的優勢。共同學習正開始形成，靠的不是語言，而是電腦程式碼。以共同學習來說，電腦程式碼是好上許多的方式：我只要把我的一份程式碼與你共享即可。它不需要來回轉譯，程式碼可直接立刻執行。而且不像我們的記憶，程式碼不會衰敗。一旦學會，就絕對不會忘掉。以共同學習來說，很難想到有哪種方式會比共享電腦程式碼還好。

遍及全球的學習

特斯拉（Tesla）和蘋果（Apple）之類的公司，已經開始以全球規模共同學習。舉例來說，蘋果正利用共同學習來改良它的語音辨識軟體。在這個星球上的每支 iPhone，在學習和改良用來辨識語音的程式碼時，靠的都是其他每支 iPhone。同樣地，特斯拉正利用共同學習來改良它的自駕技術，每台特斯拉汽車都能改良本身和其他每台特斯拉汽車的駕駛能力。每天晚上，特斯拉汽都能下載並共享軟體的最新改良。假如有一台特斯拉學會了要怎麼避開亂擺的購物推車，在這個星球上的其他每台特斯拉也會很快就知道要怎麼做到。

共同學習是智人對上數位人為什麼會毫無勝算的一個原因，它也是數位人降臨的速度會把我們嚇一跳的原因之一。我們在為自己學習每件事情時，十之八九都是習慣從頭開始，我們沒有在遍及全球的規模上來學習的個人經驗。

想像一下，假如你能像電腦那樣共同學習，只要共享程式碼即可。那你就能說世界上的每種語言。你就能把西洋棋下得跟蓋瑞．卡斯帕洛夫（Garry Kasparov；譯按：俄羅斯籍前世界棋王）一樣好，把圍棋下得跟李世乭（Lee Sedol；譯按：韓國籍九段棋士）一樣好。你就能跟歐拉（Leonhard

Euler；譯按：十八世紀瑞士數學家）、高斯（J. C. F. Gauss；譯按：十八至十九世紀德國數學家）或艾狄胥（P. Erdős；譯按：十九世紀匈牙利數學家）一樣輕鬆證明定理。你就能寫出媲美華茲華斯（W. Wordsworth；譯按：十八至十九世紀英國浪漫主義詩人）或莎士比亞的詩。你就能演奏每一種樂器。整體來說，你的能力會趕上任何人在這個星球上的最佳能力。而且對於其中任何一項活動，你都只會愈來愈擅長。這聽來或許嚇人，但當數位人開始共享電腦程式碼時，共同學習的未來就是如此。

為了充分明白以電腦程式碼來共同學習的好處，有另外兩個強大的觀念需要了解。第一，電腦是能跑**任何**程式的**通用**機器。第二，程式能自我修改。尤其是程式能把自己修改成更擅長特定的差事。我這就來解釋得更詳細一點，這些為什麼是這麼強大的概念，又為什麼會為數位人帶來這種我們所比不上的優勢。

通用機器

艾倫．圖靈（Alan Turing）是其中一位人工智慧之父。他最有名的問題便是：電腦要怎麼樣才稱為「會思考」。他也為運算本身奠定了基礎，提出了簡單卻革新的觀念：**通用**運算機。這是能對任何可運算的東西加以運算的機器。對，你沒看錯。自從圖靈提出這個觀念後，我們所能建造出的電腦就是，對於任何電腦所能運算的**任何**東西，甚至是還沒發明出來的那些，它原則上都能運算。

通用運算機的在概念上，是以**程式**和這道程式所操作的**資料**為中心。[7]程式是電腦在解決問題時所遵照的指令序列（就當它是食譜），資料則是程式所跑的不同資訊（可比擬為在特定的烹飪課中所使用的食材）。

試想某人在從事電子付款時，銀行餘額要加以更新的問題。我們可以寫程式來做這件事，而不用管付款金額或是付款的人。程式所跑的資料則是顧客姓名和銀行餘額的資料庫，加上付款的顧客姓名和付款金額。

從事電子付款的程式運作如下：第一，程式查詢資料庫中的人名和銀行餘額。第二，程式從餘額中扣款。第三，程式更新資料庫中的新餘額；簡單但十分強大。靠著變更資料，我們就能對不同的顧客、甚至是不同銀行的顧客資料庫扣款。而且假如變更程式，電腦就能做新的事。舉例來說，假如是補款而非扣款，我們就用程式來從事電子存款，而非電子付款。

所以說，電腦就是**通用**機器能跑**任何**程式的例子。以你擺在口袋裏的智慧手機而言，它的祕訣就在於此。它可以載入新的應用程式，程式則使它得以做到智慧手機本身的打造者所沒有設想到的差事。如此一來，智慧手機就變得遠遠不只是手機：它是導航裝置、日曆、鬧鐘、計算機、記事本、音樂播放器、遊戲主機，以及日益普遍的個人助理。

科技的進步可能會使電腦變得更快，但它所運算的任何東西，都脫離不了在一九三〇年代圖靈最早所夢想的通用機器。最最了不起的是，圖靈是在最早的電腦建造出來**之前**，就提出了這個通用運算機的觀念。

更有甚者，電腦是人類**唯一**發明過的通用機器。想想通用旅行機可能會是什麼樣子。這將使我們能在空中飛、在水底游，並在陸上來去自如。它能行遍軌道、柏油路、草地，甚至是沙地。它能載一個人或十幾個人。哇，它甚至能載你去月球，想像一下打了類固醇之後的變形金剛。如果要執行某件新差事，電腦只需要靠新的程式，這使得電腦可無窮無盡地適應。我們現在的電腦有潛力做到遠甚於現今所做到的事。它甚至有潛力變出人工智慧。我們只需要找到恰當的程式來讓電腦跑。

這就把我們帶向了下一個強大的觀念。我們甚至不必去**找**新程式，因為電腦其實能替自己找。它能**學會**去做新的差事。它甚至能自行學會以智慧來行事。

會學習的機器

電腦要怎麼才能學會去做新的事？畢竟電腦程式只是固定的指令序列，並由某段電腦程式碼來指定。「電腦程式碼」其實是不錯的講法，因為程式的指令，實際上是由難解其意的程式碼來指定。例如在 Z80 電腦中，程式碼「87」代表把兩個數字一起加入，「76」代表程式結束。而在 6800 電腦中，程式碼 8B 是加入數字，DD 則是結束程式。[8]

程式碼的重要之處並不在於令人難解其意，而在於它就只是資料、數字的序列，這是十分強大的觀念。假如我們想要變更程式，只要把某段新的程式碼當成資料來載入即可。而更為強大的是：由於程式可以變更本身的資料，所以程式就能**變更自己**。機器學習的核心就在於這樣的觀念：電腦能從它的資料中學習，並變更本身的程式碼，以漸次改善效能。

知道機器學習的演算法是如何去決定程式碼要變更哪些地方，這並沒有那麼重要。有的是受到演化所啟發，使程式碼產生突變和互換，就像是基因在有性生殖中的突變和互換。有的則是受到大腦本身所啟發，把人工神經元之間的鏈結加以更新，就像是大腦在我們學習時所產生的神經增強。不管是哪種情況，電腦都會把有改善效能的變更留下，而把沒有的去掉。在學習做得更好時，電腦雖慢卻穩健。

對於要怎麼打造智慧，我們已經有一個非常好的例子，那就是我們（智人）。我們的智慧多是靠學習而來，我們生下來時並不懂語言，沒有讀寫能力，沒有算術、天文學或古代史的知識。但對於這一切以及更多的事，我們都能加以學習。

機器學習很可能會是讓電腦思考的重要環節。它可應付**知識瓶頸**，也就是把我們數千萬年來所發展出的知識全部灌進機器裏的問題。靠我們自己把這些知識一件一件全部寫進程式，既緩慢又辛苦。但我們不必這麼做，因為電腦可以自己去學習。

我們現在就能看出來，為什麼電腦在學習上可以比人類好這麼多。它可以寫出程式來得知，要怎麼改良本身的程式碼，然後就能把這段程式碼與其他電腦共享。簡單！而且比我們人類的學習方式要有效得多。

下次你在嘗試教其中一個小孩要怎麼算數學函數的極大值或變化德文的動詞時，想像這名孩子如果是電腦，教起來會有多麼輕鬆，你只要給程式碼即可。

電腦不只會依令行事

機器學習激發了人工智慧近來許多可觀的進步，它驅動谷歌（Google，母公司為字母〔Alphabet〕）的AlphaGo，打敗了地表最強的人類圍棋手，它是谷歌翻譯背後的祕訣。而且它驅動了其他許多程式在診斷皮膚癌和玩撲克之類的差事上，現在都能把人類打敗。

對於機器學習的觀念，有一個常見的反應是，電腦只會做你在程式中要它做的事。在簡單的層級上，這點正確無誤。電腦完全是決定論。[9]它是照著電腦程式碼裏所寫的指令走。它不會偏離，也沒辦法偏離。但在較深的層級上，電腦可以做到在程式中沒有明訂要做的事。它可以學習新程式，甚至可以發揮創意。它就跟我們一樣，可以從經驗中去學習做新的事。

AlphaGo 並不是靠程式才把圍棋賽局下得比世界冠軍要好，它是靠著自己下棋數百萬次來學習。它下得比人類好的原因在於，它所下過的圍棋比任何人類一輩子所能下的局數都要多。而且在學習把圍棋下好時，它甚至變得略帶創意，它下出了圍棋高手從來沒料想過的棋步，開啟了圍棋要怎麼下的新契機。

而且 AlphaGo 並非特例，在五花八門的賽局裏，包括雙陸棋、撲克、拼字遊戲和西洋棋，電腦現在都比人類強。當有人告訴我說，電腦只能做到依程式去做的事情時，我就喜歡列出五六種已由電腦拿下世界冠軍的賽局。幾乎在每個案例中，這些電腦程式都是由能力中等的玩家來寫程式，並靠著**學習**下得比人類好而使電腦程式成為世界冠軍。

機器的優勢

如果要了解智人為什麼注定會被取代，你就需要了解電腦對人類以及數位世界對類比所具有的諸多優勢。共同學習是一個重要優勢，但我們來看看其他一些。

第一是電腦所能具備的記憶容量遠大於人類。我們所記得的每件事都必須儲存在頭顱裏，確切來說，為了有這麼大的腦袋，我們已經付出了不小的代價。直到近期為止，分娩都是婦女的主要死因之一，而且產道的大小仍限制了我們把腦袋長得更大。電腦則沒有這樣的限制，我們只要把存量加大就好。

第二個優勢是，電腦所能達到的運作速度遠快於人類。大腦是以不到一百赫茲來運作，激發一個神經元就要花超過百分之一秒。我們的大腦是化學與電並行，所以會更慢。化學物質跨越神經分界和化學反應形成都要花時間。另一方面，電腦則只受物理定律約束。電腦的速度從一九八一年的五兆赫（也就是每百萬分之一秒能執行五道指令），提高到現今的約莫五千兆赫（也就是每十億分之一秒能執行五道指令）。當然，光看速度在現今並不是非常好的效能度量衡。電腦的原始速度近來提升得並不多。電腦現在反而是靠一次做更多事來變得更快。就跟人腦一樣，電腦現在會同時執行多道指令。儘管如此，矽對生物依舊具有根本上的速度優勢。

機器對人類所具備的第三個優勢是，人類的供電有限，而不像電腦。成人的身體產生一百瓦電力，就有約二十瓦用於大腦。[10] 在聰明具有演化優勢下，把身體的有限電力投注這麼多在大腦上便有了正當理由，但我們並沒有任何備用電力可投注在更多的思考上。相較之下，一般的筆電所能運用的電力則多達六十瓦。而且假如想要更多的電力（或運算），你還能在雲端執行工作。這個星球上的七十億個人腦集體耗用的電力約莫是一千四百萬瓩。相較之下，全球的運算已經使用的電力則是這個量的十倍以上。事實上，現今的運算就占了世界用電量的一成，或者說超過兩億瓩；而且這個數字只會節節上升。

電腦對人類所具備的第四個優勢是，人類需要休息和睡眠，電腦則能全年無休運作永遠不累。如同我們在前文中所見，AlphaGo 變得這麼會下圍棋，就是因為它所下過的圍棋比任何人類所能下的局數都要多。當然，對人類來說，除了休息和恢復體力，睡眠很可能還有各種的目的。舉例來說，它或可幫助我們更新記憶，並在潛意識裏應付問題。或許電腦可能會以同樣的方式來受益？我們可以選擇寫程式時讓電腦隔一陣子就休眠一天。

電腦對人類所具備的第五個優勢是，人類健忘但電腦不會。想想你有多常把時間浪費在尋找失物上，或是忘記生日。當然，忘記有時候可能會很有用，有助於我們把不相干的細節忽略掉，不過，藉由程式讓電腦健忘則是毫無價值。

第六個優勢是，情緒可能會使人類盲目，現今的電腦沒有情緒所以不可能盲目。另一方面，情緒在我們的生活裏則扮演了重要角色，也常以正面的方式影響我們的決策。因此，它似乎很有可能具有演化上的價值。我們將來或許會選擇為電腦賦予情緒。本書第三章連同意識之類的其他棘手主題，我會更詳細來討論這點。

電腦對人類所具備的第七個優勢是我們已經探討過的一點：在要怎樣才能共享知識與技能上，人類會受到限制但電腦不會。任何一台電腦都能跑其他任何一台電腦的程式碼。當一台電腦學會了把華文翻成英文，我們就能為每台電腦賦予這種能力。當一台電腦學會了診斷黑色素瘤，我們就能為每台電腦都賦予這種技能；電腦，是終極的共同學習者。

第八個優勢是，人類在現實中是滿差勁的決策者。我們演化得好到足以活下來，但這離最佳還很遠。舉例來說，我們拙於計算確切的或然率，假如善於此道，我們就絕不會去買樂透彩。但我們可以把電腦程式最佳化。行為經濟學的學門是在研究我們的次佳決定。舉例來說，會驅使我們的常常不是把獲利極大化，而是避免虧損。行為經濟學家稱之為**虧損趨避**。次佳行為有很多其他的例子。有很多人害怕搭飛機，但開車去機場才是我們更該擔心的事。我們知道自己該減個幾磅才對，但那個果醬甜甜圈真是好吃到不行。

當然，它並非全都是一面倒。電腦並不是在各方面都比我們強。人類對電腦具有幾大優勢。甚至跟最大的超級電腦相比，我們的大腦還是較為複雜。我們學得很快，並有驚人的創意、情緒智力和社會同理心。但我非常懷疑的是，我們對電腦會長期保有這些優勢。我們已經有一些證據是，電腦可以有創意，並且擁有情緒智力和同理心。長期而言，在跟機器較量的競賽中，智人的希望渺茫。

我們的接班人

所以說，這種數位人、這個更加了不起並將取代我們的物種，究竟是何方神聖？

物種是依照它是什麼和在哪裏行動來界定。以數位人的案例來說，它是什麼和在哪裏行動都將日趨數位化；數位人一開始將是我們自身的數位版，隨著電腦變得更聰明，我們將把愈來愈多的思考外包給它。這些數位實體將不再受到我們複雜、混亂和略嫌受限的大腦所捆綁。我們將擺脫肉體的限制，那就是需要休息和睡眠，以及終將衰敗和死亡。我們將不再受限於一次在一個地方觀察和行動，我們將同時跑遍各處。

靠著以數位方式來擴增大腦，數位人將比智人要聰明得多。我們想的是什麼和在人工智慧雲裏想的是什麼，差別將愈來愈難區分。數位人將超越我們的肉身自我，並且是生物與數位兼具，我們將兼而活在我們的大腦裏和更大的數位空間裏。

事實上，有很多時候，數位人將再也不必隸屬於緩慢、混亂又危險的類比世界，我們將日益在純數位的世界裏生活和行動。經過一世紀的氣候變遷、金融危機和恐怖主義後，這個數位世界將是令人樂見、有組織和井然有序的地方。它將沒有「不確定性」，地球上的生活再也不會過得這麼辛苦；它將沒有地震或土石流，也沒有瘟疫。一切都將遵照精準而公平的規則。數位人將是這個數位天地的主人翁。在某種意義上，我們將成為這個數位空間的神。

這是樂觀的結局——因為這樣的數位未來得由我們來建造。在這層意義上，我們真的是神。而且我們可以確保這樣的數位未來是公平、正義而美好。或者我們可以讓形塑本身星球的現有之力來定義它是什麼，並容許它充滿不平等、不正義和苦難，我們得去選擇，而且我們今天就要開始加以選擇。

未來並非不可避免，它是我們今天決定之下的產物。但在我看來，我們很有可能是在緊要關頭。有很多力量正把我們推向滑坡，而把我們帶向非常棘手與紊亂的世界。

我們現在有機會靠一些選擇來免除這樣的末日，並把我們帶往比較光明的數位未來。這些選擇有的容易又便宜，有的則是困難又昂貴。它或許有賴於遠見、領導、無私，甚至是犧牲。

我們非常幸運。過去數十萬年來，我們的星球是這樣的面貌——這個令人驚嘆的藍綠色圓點，在銀河系的小螺旋臂裏繞著相當典型的恆星轉。為了子子孫孫（畢竟他們將屬於數位人這個新物種），我們要把接下來的幾十年經營好才行。

本書是為誰而寫？

本書是為任何一個關切「人工智慧正把我們帶向何方」的人所寫，有待思考的議題很多。人工智慧會不會毀掉人的工作，甚至是那些有賴於創意的工作？人工智慧會不會變得有意識？就自由意志的概念而言，人工智慧有什麼意義？人工智慧會（或者該）有什麼樣的倫理價值？人工智慧會對社會有益或有害？它會不會改變我們如何看待自己？它會不會改變我們的人性本質？

等討論到我們在往數位雲轉移時的社會與倫理衝擊時，各位就會看到我回答這些問題。我會以一部分來檢視現今所能看到的趨勢，並從中來推斷。但未來並不是由當下來底定。較遠的未來將取決於我們在現在和不久的將來所做的選擇。因此，我會把好的和沒那麼好的可能未來都列出來。那些較好的結局則要靠所有的人來努力。

本書是聚焦於二〇六二年。我在下一章時會討論到，大部分的人工智慧專家都相信，到二〇六二年時，我們有五成的機率會創造出在思考上能跟我們一樣好的機器。這個日期可能有點樂觀，我們或許必須等到二二二〇年左右，才會有人類級的人工智慧。大部分的專家都相信，我們屆時有九成確定會做到。不管是哪個日期，等機器超越我們本身的智慧，魔法就會真的啟動。

本書是寫給有興趣但不是專家的讀者看。裏面有幾張圖，但沒有方程式。我沒有描述人工智慧是什麼，或是它至今達成了什麼。這點可參考我的前一本著作《它是活的！》（暫譯：*It's Alive! Artificial Intelligence from the Logic Piano to Killer Robots*）在文末注釋裏，各位會看到參考文獻、額外的解釋和偶爾會有的好玩觀察，但把這些完全略過，照樣能從書中得到樂趣。[11]不過，假如真的想更深入來探討技術觀念，這些注釋就會為各位提供進一步的細節和查詢文獻的跳板。

哲學家尼克・伯斯特隆姆（Nick Bostrom）在二〇一五年時曾預測：「長期而言，人工智慧會很不得了，或許是人類群體歷來所做過後果最顯著的事。」[12]假如他說得對，我們就該去探討這些後果。

第二章
我們的末日

對於機器可能會比我們強的觀念，我們已花了幾百年去習慣。然而，在過去被比下去的只有我們的體能，機器所能做的體力活比任何人都要多。可是在最近五十年間，我們的大腦正日益屈居下風，起碼在聚焦於狹隘的智力活動時是如此。到了二〇六二年，這場競賽很可能就會結束，獲勝的將是數位人。

電腦在將近四十年前打敗第一位世界冠軍時，或許讓人嚇了一跳。一九七九年七月十五日，漢斯．貝林納（Hans Berliner）的 BKG 9.8 程式，令人心服口服地以七比一打敗世界雙陸棋冠軍路以吉．維拉（Luigi Villa）。在殘酷的比賽中，維拉只當了一天的世界冠軍就遭到擊敗。來到比較近期的一九九七年，IBM的深藍（Deep Blue）電腦，則是險勝當屆的世界西洋棋冠軍卡斯帕洛夫。卡斯帕洛夫在描述他的敗北時，形容了正在等待人類的未來：

> 我跟很多的電腦下過棋，但從來沒碰過任何一次像這樣的事。我能感覺到、我能嗅到桌子對面有種新的智慧。我竭盡全力把棋局下完，但我輸了；而對手在棋局裏則下出了美妙無瑕的棋步，並贏得輕鬆寫意。[1]

一如維拉的敗北，卡斯帕洛夫敗給深藍是殘酷的結局。卡斯帕洛夫被很多人視為史上最偉大的西洋棋手之一。他在一九八五年首度成為世界西洋棋冠軍時，是最年輕就達到這個領域顛峰的棋手。在二十年後從職業西洋棋界退休時，卡斯帕洛夫依舊是全球評價最高的棋手。抱歉，他依舊是全球評價最高的非電腦棋手。然而，卡斯帕洛夫很倒楣的是，某些人或許會記得他是第一位被電腦打敗的世界西洋棋冠軍。

從一九九七年以來，西洋棋電腦大有進展。對上現今台面上最強的程式，卡斯帕洛夫或現任的世界冠軍馬格努斯．卡爾森（Magnus Carlsen）都毫無勝算。確切來說，卡斯帕洛夫連要打敗在行動電話上運作的 Pocket Fritz 4 都很吃力。Pocket Fritz 4 的艾羅評分（Elo rating）評分是二八九八，比卡斯帕洛夫在頂峰時的評分二八五一還高。[2] 當程式所得到的運算資源多過行動電話時，我們就沒有什麼打敗它的勝算。Deep Fritz 是在標準式個人電腦上運作，艾羅評分是驚人的三一五〇。卡斯帕洛夫差了Deep Fritz三百分，代表這位俄羅斯人贏下任何一局的機率不到五分之一，贏下巡迴賽的機率則近乎於零。以像我這樣的人來說，艾羅評分更是低得多，對上Deep Fritz能贏下一局的機率幾乎是零。

可是，機器稱霸至此並沒有危害到人類的西洋棋。確切來說，電腦西洋棋在多方面改良了人類的棋局；西洋棋電腦現在可為人類的生手提供專業的指導建言，而且西洋棋電腦開啟了人類可能從來都沒考慮過的棋步；我們的機器霸主，反而改良了人類的棋局。

所有系統皆圍棋

二〇一六年三月，人工智慧的歷史跨越了另一個里程碑，DeepMind的AlphaGo程式打敗了這個星球上最強的圍棋手之一李世乭。圍棋是古老又非常複雜的中國棋盤遊戲，玩法是把黑子或白子下在十九乘十九的棋盤上，以占據最大的地盤。

基於各種原因，圍棋比西洋棋要難下得多。在西洋棋裏，每次換手或許會有二十種可能的棋步。在圍棋裏，檯面上的不同棋步可以有約莫兩百種。[3]在西洋棋裏，要看出誰快贏了經常不會太難：棋盤上的每個棋子都能算得分，而得分較高的棋手就容易勝出。在圍棋裏，所有的子都一模一樣。要研判誰快贏了，就必須周延許多去考量每位棋手所掌控的地盤。人類要學會如何變成圍棋高手，就要長年投入才行。

二〇一七年五月，DeepMind 令人心服口服地證實 AlphaGo 在二〇一六年對上李世乭的戰果並非僥倖。在一百八十萬美元的對戰中，經過改良的 AlphaGo 打敗了當時世界排名第一的中國圍棋天才柯潔。[4]

這兩場勝利固然是人工智慧達到里程碑的時刻，但它的意涵卻在某些方面遭到了誇大，AlphaGo 是專門訓練來下圍棋。如果要比像撲克這種較遠距的賽局，就要花很大的工夫來改寫程式。[5] 令人存疑的是，在 Alpha Zero（AlphaGo 的最近期版本，在設計上純粹是依照棋盤遊戲的規則來運作）中管用的同一套技術，在納入機率的賽局中還會管用。而在開自駕車、寫小說或翻譯法律文件上，Alpha Zero 肯定無用武之地。

另一個誤解是，AlphaGo 的戰果出人意表，因此代表人工智慧出現了某種「等比級數」的改良，然而情況並非如此。激起眾人的想像肯定是種達到里程碑的成就，DeepMind 所得到的每聲道賀也是實至名歸。AlphaGo 固然以新的方式把元件黏在了一起，但這些元件毫無任何根本上的新意。[6]

在 AlphaGo 之前，最成功的電腦程式當屬雷米・庫洛姆（Remi Coulom）所寫的 CrazyStone。在二〇一四年受訪時，庫洛姆預測說，要打敗職業棋手得花上十年。事實上，AlphaGo 只花了一年多就打敗了三屆的歐洲冠軍樊麾，再過一年便打敗了李世乭。

不過，DeepMind 對問題所花的工夫比以往所投入的多了許多。圍棋程式以往都是由個人所寫，DeepMind 則有五十多人在鑽研 AlphaGo。它做到這點所花的時間還不到預測的十分之一，但對問題所付出的人力則超過了十倍。

DeepMind 還動用了谷歌龐大的伺服器農場，使 AlphaGo 能跟自己對弈數十億局的圍棋。假如你什麼都不做，一輩子只下圍棋，要下到那麼多局仍是天方夜譚；實際上，AlphaGo 其實是學得非常慢。相較於像這樣的程式，人類則能從單一的實例中學習。要寫出能從這麼少的資料中學習的人工智慧程式，對我們來說還是很吃力。所以 AlphaGo 的勝利固然是人工智慧象徵性的時刻，但或許並不是谷歌的公關部門可能已使你相信的步伐轉換。[7]

賽局之外

對人工智慧來說，賽局所形成的挑戰算是簡單。它一般都有清楚的規則和明顯的贏家。而且像西洋棋和圍棋這樣的賽局，普遍被視為棋手必須具備相當程度的智慧。所以說，它們成了人工智慧研究的自然測試對象，並不令人訝異。

但機器不光是在像這樣的比賽裏變得比人類強。在若干比較實用的領域，我們正看到電腦開始把人類比下去。在醫學上，電腦在某些方面已經比醫生還強，像是心電圖。前百度首席科學家吳恩達所率領的史丹福大學團隊建立了機器學習的模型，比人類的專家更能從心電圖上辨認出心律不整。

癌症則提供了第二個實例。谷歌團隊設法利用機器學習來從病理報告中識別出乳癌，比人類的醫生還準確，而且它做起來比人類快多了，因此也比較便宜。第三個實例是早在一九八〇年代，專家系統（expert system）ＰＵＦＦ就在加州的醫院搭配人類的內科醫生來診斷肺病；可見得人工智慧已經給了我們更好、更快、更便宜的醫療。

在商業上，也有很多領域是電腦把人類給比下去。以股市為例，貝萊德（BlackRock）是世界最大的財富管理業者，它所掌管的基金超過了五兆美元，它的主動式管理基金（actively managed funds）有很多現在都是由演算法（algorithms）來操盤。電腦對人類的基金經理人具有優勢，是因為所能分析的資料總量大。電腦能做到人類做不到的差事，像是監控店面停車場的衛星資料和網路搜尋，以預測銷量和經濟成長。

保險是電腦正在頂替人類的另一個領域。在日本，富國生命保險現在是用ＩＢＭ的人工智慧產物華生（Watson）負責理賠。開始使用華生後，它把擔任這件差事的員工裁掉了四分之三。該公司現在預計每年會省下一百萬美元以上。

在第三個實例上，我們要看的是法律。包括 Luminance 在內的若干新創公司能自動處理龐大與非結構式的資料集，以協助律師來從事契約的實地查核。軟體花以前的一半時間就能找出異常，也降低了完成這類差事所需要的專業技能。

這類的人工智慧應用已使許多的工作領域改頭換面。確切來說，到二〇六二年時，很難想到會有哪個經濟部門不受到衝擊。

強人工智慧

我們到目前為止所討論的人工智慧系統全都是在解決單一的狹隘問題：下圍棋、判讀乳房X光片、挑股票；強人工智慧（artificial general intelligence）的目標是要寫出能把**任何事**做得跟人類一樣好、甚至是更好的程式。我們離強人工智慧還有一段距離。而且與各位在現今的某些報刊上所看到的炒作相反，我們的現況與強人工智慧之間，仍有滿大的障礙。

第一，人類學得很快。我們必須如此。它就烙印在我們的DNA裏。老虎在追你時，你可沒時間從許多錯誤中學習。另一方面，人工智慧系統學得還是頗慢。在下圍棋、轉譯華文和辨識圖像之類的領域中，深度學習（deep learning）近來的成功，都是以大量的資料（huge amount of data）為後盾才能實現。

然而，在很多情形之下我們並沒有很多資料。確切來說，有些事我們**永遠不會**有很多資料，例如我的機器人在學走路時，倘若摔跤太多次就會壞掉。同樣地，對於罕見疾病或預測股市崩盤，我們不可能會有多少資料。如果要填補這些真空，我們就需要打造出如同人類一般，能快速學習的人工智慧系統。

第二，人類善於解釋本身的決定。這是我們在決策上的另一個重要環節。醫生決定要開刀時，假如無法解釋為什麼非開刀不可，我不見得會接受；核電廠的反應爐在停機時需要解釋。相形之下，人工智慧系統十之八九還是黑盒子。[8]它會給答案，但無法解釋它是如何得到這些答案。深度學習演算法可以告訴你「這是貓的照片」，但它無法告訴你，「為什麼牠是貓」。牠是貓是因為牠有毛、四隻腳和可愛的小爪子，它也無法告訴你「為什麼牠不是狗」；因此，我們仍需要打造出能解釋本身決定的人工智慧系統。

第三，人類對世界有非常深刻的理解。我們出生時，對於世界以及它是如何運作幾乎是一無所知，像是蘋果是在重力的拉扯下才掉到地上；雨是從天上落下的蒸發水汽；地球是繞著太陽轉，月亮是繞著地球轉。確切來說，使月亮下落和把蘋果拉扯到地上的是同一股引力。我們會學到所有這些事和其他更多的事，我們會把所有這些資訊湊在一起，並整合成為對宇宙是如何運作的深刻理解。

但現今的人工智慧系統並沒有這樣的理解，當你要機器翻譯「這個男的懷孕了」時，它並不會理解到這為什麼很怪；當你給它「看」某人放開蘋果的圖像時，它並不曉得蘋果會以每平方秒九．八公尺的加速度掉到地上。我們仍需要發展出如同我們一般，能夠全面理解世界的人工智慧系統。舉例來說，系統要有我們的常識。

第四，人類很會應變。把我們放到新的處境，我們就會開始應變和應付。當阿波羅十三號的氧氣槽爆炸時，世人屏息以待了三天，太空人和航管人員則看似不可能地加以應變，並把太空人安全送回了地球。在地球上和這個例子中的地球外，這種應變能力都幫助我們成了稱霸地球的物種。

另一方面，人工智慧系統非常死板，就連把問題稍微改一下，它十之八九會出紕漏，而且並不優雅。事實上，人工智慧之下有子學門就是專門在想辦法破解人工智慧系統。像是圖像最少要改到怎樣，才會使演算法停止去辨識停車標誌？會使演算法「辨識」不正確比例最高的圖像長得怎樣？我們仍有待打造出如同人類的表現一般，會優雅降格的人工智慧系統。

我們還有多久？

在若干狹隘的範疇裏，機器已超越了人類的表現。但在能打造出強人工智慧之前，我們還有很長的路要走。我們什麼時候會走到那裏？電腦要經過多久，才會變得比我們聰明得多？這會成為我們的問題嗎？或是我們子孫的問題？有鑑於人類智慧是花了幾百萬年演化，所以它或許會更久遠？它有沒有可能會花上好幾世紀，甚或是好幾千年？或者它有沒有可能會壓根就不發生？

二〇一七年，在阿西羅瑪（Asilomar）以「人工智慧的未來」為題的會議上，安德魯・麥克費（Andrew McAfee，譯按：麻省理工學院數位經濟研究中心共同主任）表示：「對於任何跟人工智慧的未來有關的事，要是有任何人提出有把握的預測，根本就是自欺欺人。」我姑且忽略這段明智的忠告，試著來提出一些有把握的預測。實際上，預測並非由我來提出：我會找一大票人工智慧專家來提出。我們就寄望這群人發揮才情吧。

二〇一七年一月，我請三百多位同事、全都是鑽研人工智慧的研究人員給出最好的估計，強人工智慧的障礙要花多少時間才會克服。而且為了持平看待他們的回答，我還向將近五百位的非專家徵詢意見。

針對剛打敗一些頂尖人類玩家的人工智慧撲克程式 Libratus，我寫了篇新聞報導，「非專家」就是它的讀者。在報導的結尾，我請讀者填寫了人與機器對比的小型調查。我預期專家和非專家的預測可能會有一些出入；我猜對了。

有鑑於為機器打造出人類級智慧，可能要耗費多久的不確定性很高，於是調查便請專家和非專家都提出三項預測。「到什麼時候，電腦會有一〇%的或然率，能把大部分的人類行業至少做得跟一般的人類一樣好？」「到什麼時候會有五〇%的或然率？」以及「九〇%的或然率？」這是重複之前在二〇一二年的研究中所問的問題，如伯斯特隆姆的著作《超智慧》（暫譯；

Superintelligence）中所述。

隨著人工智慧的進步在近年來吸引到大量的關注，我有興趣要看的是，眾人所點出的日期有沒有可能會比二〇一二年時要近。伯斯特隆姆主張，人工智慧對人類構成了相對迫切的生存威脅，而他的調查就是其中一則主要的證據。假如強人工智慧預計會更早到來，我們或許就需要更加嚴肅地來看待他的示警。

但情況並非如此。在我的調查中，對於打造人類級智慧的挑戰，專家比非專家要審慎得多。以電腦有九〇%的或然率會趕上人類來說，專家的中位數預測是二一一二年。相較之下，非專家則是只要到二〇六〇年就會。[9]

好萊塢和現行對人工智慧的炒作或可解釋這半世紀的差距。我常開玩笑說，如果要改善它的公眾觀感，並解除民眾的恐懼，人工智慧所能做到最好的事，就是在洛杉磯設立劇本辦公室。

以五〇%的或然率來說，專家的中位數預測是二〇六二年。這就是本書書名的由來：平均而言，我在人工智慧領域的同事預測，人類到那年就會打造出跟人類一樣能幹的機器。相較於此，非專家所預測的二〇三九年則是早了二十多年。非專家比雷・庫茲威爾（Ray Kurzweil）要樂觀一點，這位未來學家暨谷歌的工程總監預測說，電腦將在二〇四五年左右超越人類。

最後，以電腦有一〇%的或然率會趕上人類來說，專家的中位數預測是二〇三四年。另一方面，非專家則是預測只要到二〇二六年就會。這是不到十年後。它大概是專家所預測的兩倍快。

專家為什麼不如非專家樂觀？人工智慧脫不了一個觀感問題是，眾人看到系統下西洋棋和圍棋之類的複雜賽局時，就推論這些賽局有賴於高度智慧，而把人類所具備的其他智識能力全部灌注到這些系統上。就西洋棋和圍棋的人類棋手而言，這是合理的假設，好的圍棋手很可能會是有智慧的人，但電腦的情況並非如此。好的圍棋程式不一定就能下西洋棋。而且下圍棋和從事人類所能做到的其他很多有賴於智慧的差事，有著非常大的差距。

在我還有我在人工智慧領域的大多數同事看來，起碼要再半世紀，我們才會看到電腦趕上人類。有鑑於還需要各種突破，而突破會在何時發生又非常難預測，所以它甚至可能要一世紀以上。假如是這種情況，各位今天晚上就不用太輾轉難眠了。

科技奇點

相信機器很快就會達到人類級甚或是超人類級的智慧，有一個原因是來自科技奇點（technological singularity）這個撩人卻危險的觀念。這個觀念可追溯到五十多年前的若干人士：其中一位是運算之父約翰．馮紐曼（John von Neumann），以及數學家暨布萊切利園（Bletchley Park；譯按：英國政府在二戰期間破解密碼的重鎮）的密碼專家傑克．古德（I.J. Good）。到了比較近期，它則是科幻作家凡納．文區（Vernor Vinge；譯按：另譯為弗諾．文奇）和未來學家庫茲威爾所推廣的觀念。

奇點是人類歷史的預計點，屆時我們所發展出的機器將有智慧到能周而復始地把自己重新設計得更加有智慧。然後這台新機器就能把自己重新設計得更加有智慧。觀念就在於這是轉折點，機器智慧會突然開始呈現等比級數的改良，而在數量級上迅速超過人類智慧。

一旦達到科技奇點，我們就不再是這個星球上最有智慧的物種。它肯定會是歷史上的有趣時刻。恐懼之一在於，它會發生得快到使我們沒時間去監督和控制這種超智慧的發展，而且這種超智慧可能會在有意無意間造成人類的末日。

科技奇點的擁護者所表現出的樣子，就是奇點無可避免。值得注意的是，他們通常並非人工智慧的研究人員，而是未來學家或哲學家。對他們來說，它在邏輯上是確定的事；唯一的問號則是什麼時候。不過就跟其他許多人工智慧的研究人員一樣，對於它的無可避免，我深感懷疑。

經過半世紀的鑽研，我們學到了要打造出甚至是智慧差強人意的電腦系統有多難。而且我們從來沒打造出一套能周而復始自我改良的電腦系統。確切來說，人腦是我們在這個星球上所知道最有智慧的系統，連它的認知能力都只有差強人意的改善。例如大部分的人現今在學習第二語言時，仍是一如既往地慢到痛苦不堪。我們對人腦的了解鮮少使這件差事變得比較容易。從一九三〇年以來，世上很多地方的智力測驗分數都在大幅與逐步提高，稱為弗林效應（Flynn effect），是得名自紐西蘭的研究人員詹姆斯·弗林（James Flynn），他花了很多工夫才辨認出這種現象。

不過，這點的解釋十之八九是聚焦於營養、醫療和就學條件的改善，而不是我們是如何教育年輕人。[10]

科技奇點為什麼可能會永遠都不發生，這有多個技術上的原因。其中很多在我的上一本著作裏都討論過。儘管如此，奇點是無可避免的迷因似乎並沒有變得熱度稍減。有鑑於這個話題很重要，它或將決定人類的命運，所以我要再次回到這些主張上，談得更詳細，並從爭辯的近期發展來切入；我還要引用一些新主張來反駁「科技奇點是無可避免」。

思考更快的狗

針對「科技奇點是無可避免」，我首先反對的觀念是稱為**思考更快的狗**這個主張。它所考量的是能思考更快的後果。電腦的速度或許到頂了，但在處理資料上，電腦卻還是愈來愈快。它是利用愈來愈多的平行作業來達到這點，在同一時間做多件差事（多工），有點像是大腦。

有人預期，靠著能把問題思考得更長遠與更扎實，機器終將比我們聰明。而且我們肯定已受惠於日益增長的電腦威力；口袋裏的智慧型手機就是這點的證據。但光有處理速度，大概並不會使我們來到奇點。

假定你能為你的狗提升大腦的速度。，但是思考更快的狗依舊無法對你說話、下西洋棋，或是寫十四行詩。其一在於，牠不具備複雜的語言。思考更快的狗很可能依然是狗，牠所夢想的依然是追逐松鼠和棍子。牠在思考這些想法時或許會更快，但很可能不會更深入多少。同樣地，光有更快的電腦並不會產生更高的智慧。

智慧是許多東西的產物，我們的直覺要靠長年的經驗來訓練。而且在這些年學習的期間，我們也會精進本身的抽象能力：從舊處境中汲取觀念，並把它應用到新處境中。我們會為本身的常識增添知識，進而有助於我們適應新環境。因此，我們的智慧遠不只是對問題想得更快而已。

轉折點

為了反駁「科技奇點是無可避免」，我的第二項主張是**人類中心論**。奇點的擁護者把人類智慧看得特別重要。他們主張，超越人類智慧就是**轉折點**。然後電腦就能周而復始地重新設計和改良自己。但人類智慧為什麼是這麼特別的超前點？

人類智慧無法以某個單一的線性尺度來衡量。而且就算能，人類智慧也不是單一的點，而是不同智慧的光譜。在一屋子的人當中，有的人會比其他人聰明。所以電腦理應超前的人類智慧要以什麼為指標？是屋子裏最聰明的人？現今在這個星球上最聰明的人？曾經存活過最聰明的人？可能是未來所存活過最聰明的人？超前「人類智慧」的觀念已經開始聽起來有點搖搖欲墜了。

但我們暫且把這些反對給拋開。人類智慧不管是什麼，它為什麼是機器智慧超前後就會無可避免一去不回頭的轉折點？如果是，假如我們聰明到足以打造出比我們聰明的機器，那這台更聰明的機器一定也聰明到足以打造出更加聰明的機器。依此類推。但這種情況並沒有邏輯上的理由。我們或許能打造出比我們本身要聰明的機器。但那台聰明的機器不見得就一定能自我改良。

可能有某種程度的智慧會是轉折點。但它可能是任何程度的智慧。轉折點似乎不大可能**低於**人類智慧。假如它低於人類智慧，我們人類很可能現今就能模擬這樣的機器，用這樣的模擬來打造出更聰明的機器，因而已經展開周而復始自我改良的進程。

所以任何轉折點似乎都會等於**或**高於人類智慧的程度。確切來說，它可能會遠高於人類智慧。但假如我們需要打造出智慧遠勝於我們本身的機器，這所帶出的可能性就是，我們或許並未聰明到足以打造出這樣的機器。

智慧之外

為了反駁「科技奇點是無可避免」，我的第三項主張是關乎後設智慧。我在之前說過，智慧包含了許多不同的能力。對世界加以感知和對那個所感知的世界加以推理的能力都包括在內。但有其他許多能力也包括在內，像是創意。

主張奇點無可避免是混淆了兩種不同的能力。它搞混了做事的能力，以及把做事的能力加以改善的能力。我們可以建造智慧機器來改善它做特定事情的能力，並把這些事做得比人類好。舉例來說，百度所打造出的機器學習演算法 Deep Speech 2 就學會了把華文轉譯得比人類好。但 Deep Speech 2 並沒有改善我們學習差事的能力。Deep Speech 2 現在在學習轉譯華文時，也是一如既往地久。然而，它在轉譯華文上的超人類能力，並沒有反饋到去改良基本的深度學習演算法本身。不像人類會因為學到新差事而變得更善於學習，Deep Speech 2 並不會因為學到了更多而學得更快。

深度學習演算法的改良是以舊有的方式來發生：人類把問題思考得長遠而扎實。我們還沒有打造出任何會自我改良的機器。將來會不會，則是未知數。

報酬遞減

為了反駁「科技奇點是無可避免」，我的第四項主張是**報酬遞減**的詛咒。就算機器能周而復始地自我改良，我們不見得會獲致廣大的效益。在其他很多方面的人類成果上，我們都看過報酬遞減。舉例來說，我們一再改善了汽車的燃料效率，但隨著汽車變得愈來愈有效率，現在的改善卻變得愈來愈小。

舉個例子來說，假定機器一開始具有平均的人類級智慧。依照定義，這代表它的智商是一百。再假定隨著智慧增長變得愈來愈難，各代智慧機器的智商增幅都是前一代的五成。智商是不完美的智慧度量衡，但我勉強接受。這種機器到了第二代，智商就是一五〇，頗令人驚豔。但或許甚至還沒各位聰明。第三代的智商是一七五，第四代是一八七點五，依此類推。將來不管過了多少代，這些周而復始改良的機器都過不了二百的智商。

就算把比例拉高，我們可能還是會碰到類似的極限。假定各代的增幅不是上一代的五成，而是更令人驚豔的九成。第二代的智商就是一九〇。第三代的智商就是二七一。此時我們逼近了人類智慧有案可查的極限。第四代就會使我們超越人類智慧，而來到三四三・九的智商。但無論看到未來的多少代，這些更令人驚豔的改良機器絕對過不了一千的智商。它們必定會非常非常聰明，但並不會暴衝式地成長。

智慧的極限

為了反駁「科技奇點是無可避免」，我的第五項主張是**智慧的極限**。就算機器能周而復始地自我改良，我們或許會碰到根本的極限。其他很多學門都有極限，為什麼智慧就該有例外？

科學充滿了極限。在物理上，你無法加速到超越光速。在化學上，化學反應的速度有其極限。在生物上，要把人類的壽命延長到遠超過一百二十歲，儼然是有一些根本的極限。或是要在遠少於兩小時內把馬拉松跑完。或許人工智慧也會碰到一些根本的極限？

假如走進賭場開始玩輪盤，你有多聰明便無關緊要，你就是贏不了莊家。輪盤的轉輪擺明是要吃定你。你不可能比決定走出賭場的人要有智慧。在計算或然率上，電腦可以比人類強得多。因此，它在行事上就能比人類理性得多。但以較多位數的精準度來計算或然率不見得有助於你打敗大自然。連簡單和比較不精準的計算，都會反映出的決定或許才是最好的決定。

運算的複雜度

為了反駁「科技奇點是無可避免」，我的第六項主張是來自運算的複雜度，以發展完備的數學理論來描述解決不同運算問題的難度。除非我們把機器改造成以現今還沒有的運算形式為基礎，否則連等比級數的改良都不見得有幫助，因為電腦能做的事有根本上的極限。

摩爾定律（Moore's law）是指運算效能每兩年左右就會翻倍。它或許讓很多人誤以為，科技的進展將為運算解決大部分的挑戰。[11]我們是活在等比級數的時代，運算效能以等比級數來改善看似前景可期，我們只需要等機器經過夠多代就好。再過十年，電腦將比現今強大超過一千倍。再過二十年，將超過一百萬倍。再過三十年，則將超過十億倍。到了某個時候，我們必定就會有足夠的運算效能來讓我們喜歡做什麼就做什麼？不幸的是，這絕非實情。

電腦科學家為運算的複雜度發展出了豐富的理論。這所描述的是，要以精準和抽象的方式來解決不同的問題，就必須經過多少運算。運算複雜度的理論是把所使用的精準電腦加以抽離。它無所謂是個人電腦還是麥金塔，智慧手機還是智慧手表。不同的裝置或許會改變運作時間，也就是解決問題所花的時間，但它只會是固定係數。我們所玩的遊戲是對運作時間的改變感興趣，它則比單純的固定係數要大上很多很多。我們所尋覓的或許是等比級數的增長，而且我們會看到，甚至是大過等比級數的增長。

假定你想要運算清單中的最大數字。這是線性的時間問題。你必須細看整份清單。這所花的時間會和輸入（也就是數字清單的筆數）成正比。假如清單的筆數變兩倍，找出最大的數字就要花兩倍之久。假如清單的筆數變三倍，找出最大的數字就要花三倍之久。

現在來想想，我們可以怎麼把清單從最小依序排到最大。簡單的方法是先找出最小的那項；一如我們剛才所見，這所花的時間會跟清單的長度成正比。接著找出第二小的那項，並依此類推。在為這份清單或者確切來說是任何清單排序時，我們總共必須花的時間量會以清單長度的平方來增加。假如清單的長度變兩倍，它就要花四倍之久。假如清單的長度變三倍，它就要花九倍之久。假如清單的長度變四倍，它就要花十六倍之久。這聽起來可不妙。但運算卻能擴張到比這要慘上許多。

有的運算問題是，運作時間會隨著輸入的筆數而呈等比級數成長。來想想離婚夫妻所面臨的問題，那就是要把財產分成兩個子集，使各子集的價值相等。要找到等值子集的畫分之道，簡單的方法是為項目的每個可能子集算出總和。假如這樣的子集有任何一個的價值等於總值的一半，你就找到了兩個等值子集的畫分之道。每次輸入、也就是項目清單變得多一項，子集的數目就可視為多一倍，而演算法的運作時間（在最糟的情況下）也會多一倍。

好消息是，運算效能以等比級數來改善將有助於各位解決這樣的問題。運算效能每翻一倍，所要解決的問題就容許多加一項。不管想要處理的輸入筆數有多少，最終都會依循此道。假如需要處理的清單比現今的可能項目多含了十項，只需要等機器再經過十代就好。

但也有的運算問題是，運作時間成長得比這還快。此時如果要解決更大的問題，運算效能以等比級數來改善並不足夠。來想想曼德博集合（Mandelbrot set）方面的運算問題。曼德博集合就是那個美麗的碎形圖案，裏面包含了令人驚嘆的螺旋和海馬。它被稱為數學上最複雜的圖案。

我們知道，曼德博集合的面積有限。它坐落在半徑為二的圓形內，所以面積肯定小於 4π（等於十二．五六六……）。但如果要算出精準的面積，就我們所知會非常難運算。在運算面積時，現有的最好方法收斂得非常慢。你必須加總 10^{118} 項次，面積的準確度才會達到二位數以內，10^{1181} 項次則會達三位數。10^{118} 比宇宙的原子數還要多上很多。對於這麼難運算的問題，等比級數的改善很可能不足以幫上忙。

反饋迴圈

為了反駁「科技奇點是無可避免」，我的第七項主張所來自的事實在於，其他的不利反饋或許會插一腳而阻止奇點發生。這些反饋迴圈或許會起自經濟或環境。

馬丁．福特（Martin Ford；譯按：美國軟體創業家）提出過一項類似的主張，是以經濟反饋為基礎。[12]在奇點發生前，電腦就會能幹到足以把經濟中絕大多數的工作都自動化。但這會造成大量失業。而且資本主義要是沒有激進改革，這樣的失業就會造成消費需求瓦解。繼而會摧毀經濟，妨礙到造就奇點所需的研發投資。

反饋也可能起自環境。賈德．戴蒙（Jared Diamond；譯按：美國國家科學院院士、人類學家）主張，社會十之八九會自撞極限，甚至是瓦解。[13]它的成功很快就會使它超出環境的承載力。成功之後，緊接而來的就是瓦解。就人工智慧而言，它所帶來的財富與繁榮增長，或許會耗盡環境對人類社會的支撐能力。因此，科技奇點發生不了，可能純粹是因為過度消費導致社會瓦解。

智慧的煞車

為了反駁「科技奇點是無可避免」，我的第八項主張是來自微軟（Microsoft）的共同創辦人保羅．艾倫（Paul Allen）。這就是他所謂的「複雜度煞車」（complexity brake）。我們在了解智慧上愈有進展，要再有進展就會變得愈難。我們必須有愈來愈專門的知識，並且被迫要發展愈來愈複雜的科學理論。這樣的複雜度煞車會拖慢進展，進而擋下機器智慧的任何暴衝。艾倫寫道：

> 宣稱奇點將近的人應該要有所警惕的是，人類的認知錯綜複雜到令人驚嘆。在科學上對認知沒有深刻的理解，我們就做不出能點燃奇點的軟體。我們相信，複雜度煞車會在根本上拖慢這層理解的進展，而不是如庫茲威爾所預測的進步會持續加速。[14]

艾倫表示，要產生機器智慧，不是光開發出更快的電腦硬體就行。我們還需要大幅改良軟體。而這樣的改良很可能必須靠我們在理解人類的認知上有所突破。這就是複雜度煞車會插手的地方。人類的認知看起來是非常難應付的對手。

謹慎推斷

為了反駁「科技奇點是無可避免」，我的第九項主張是，我們應該要非常提防有人只看圖來推斷，尤其是以對數為軸的圖。《經濟學人》（*Economist*）以令人發噱的例子示範了這點：不起眼

刮鬍刀的摩爾定律？

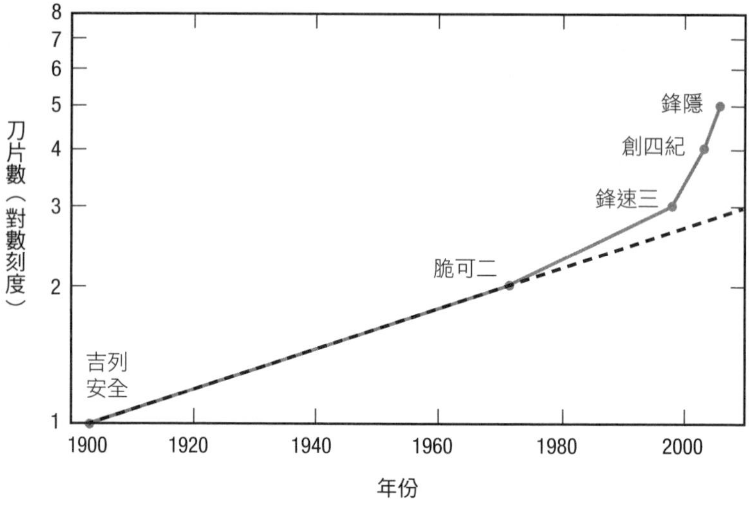

的拋棄式刮鬍刀。[15] 各位不見得留意過，但刮鬍刀片的數目是呈等比級數增長。我就用簡單的圖來證明。

要示範等比級數的成長，經過考驗與測試的方法就是標繪出縱向對數刻度圖：一、二、四、八，依此類推。在這樣的壓縮刻度中，等比級數的成長會變成簡單的直線。

圖上的虛線代表拋棄式刮鬍刀的刀片數是呈等比級數成長。假如刀片數每過六十八年就翻倍，它就會長成這樣。在現實中，各位可以看到刀片數成長得比等比級數要快得多。一九〇三年是單刀片。六十八年後的一九七一年是雙刀片。短短三十二年後的二〇〇三年又翻倍成四刀片。要是以拋棄式刮鬍刀在頭一百年的技術來推斷，你會以為現在只有雙刀片刮鬍刀，而不是實際上的五片。所以刮鬍刀合乎摩

優步的摩爾定律？

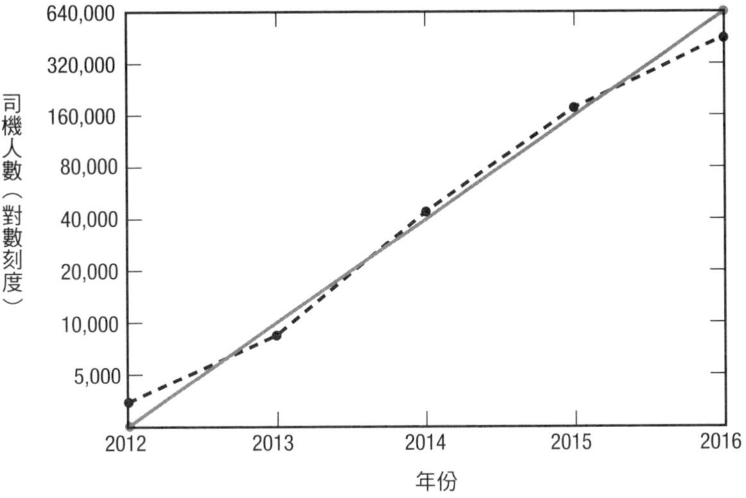

爾定律；但可別以為刮鬍奇點很快就會到來。

各位可能會投訴說，我是用小數據來耍人。只是從一九〇三年的單刀片吉列安全走到二〇〇六年的五刀片鋒隱，等比級數的成長並不難達到。那我就來為各位舉個不是小數據的例子。

來想想優步（Uber）司機在這個星球上的人數。優步是用「司機夥伴」來稱呼他們，但我們等一下就會討論到，他們根本就不是事業夥伴。為了示範等比級數的成長，我要再次標繪縱軸經過壓縮的對數刻度圖。縱軸上的每一格都是代表優步司機的人數翻倍：五千、一萬、兩萬、四萬、八萬、十六萬，依此類推。

這裏的虛線也是指等比級數的成長。我們再次看到，優步司機的人數合乎摩爾定律。從事業創立以來，優步司機的人數每年都會變成大約四倍。二〇一三年的司機有八千五百位。二〇一四年增長了四倍多，來到四萬五千位。二〇一五年又增長了四倍多，來到十八萬位。[16]可是這並不代表我們會有某種的優步奇點，使這個星球上的每個人都是替優步開車。終究來說，這種等比級數的增長會無以為繼。到了某個時候，優步司機的人數勢必就會到頂。我們會達到市場飽和。

簡單的「病毒」模式解釋了，為什麼優步司機的人數預計每年都可能會變成四倍，起碼在開頭時是如此。假定每六個月，優步司機就會各鼓勵一位朋友開始替優步開車。他們一這麼做，公司大概就會發獎金給他們。在模擬這種等比級數的成長時，你所需要的正是如此。

假定在第一年的開端，優步是從一萬位司機起步。然後在頭六個月裏，這一萬位司機介紹了一萬位新司機。這樣司機總共就有兩萬位。在接下來六個月裏，這兩萬位司機又介紹了兩萬位新司機。因此到第二年開年時，優步就有了四萬位司機。同樣地，在第三年開始，優步就會有十六萬位司機；在第四年開始，則會有六十四萬位司機（這就跟實際的人數相差無幾）。

就跟任何老鼠會一樣，這種等比級數的成長到最後一定會停止。優步司機會把原本不是優步司機的朋友給找完。優步會把對更多優步司機的需求給耗盡。其他敵對的計程車公司會開始提出比優步還吸引人的工作條件，而且這並不會太難……總之，老鼠會將基於諸多原因而瓦解。

以看似會呈等比級數好一陣子的統計數字來說，可衡量的似乎有不少組：拋棄式刮鬍刀的刀片數、優步司機的人數，甚至是高等教育的平均花費。但這並不代表它們會達到某種奇點。在物理和經濟上都有很多定律，會阻止等比級數的形態持續下去。

向過去學習

這就帶出了我的第十項與最終的主張來反駁「科技奇點是無可避免」。我們必須從過去歷史學家的錯誤中學習。事實上是，我們必須從一位奇點派元老過去的錯誤中學習。

亨利・亞當斯（Henry Adams）是首批為科技奇點的觀念撰文的人之一。他是美國第六任總統約翰・昆西・亞當斯（John Quincy Adams）的孫子，以及第二任總統暨開國元勳之一約翰・亞當斯（John Adams）的曾孫。一九〇四年時，亞當斯出版了自傳《亨利・亞當斯的教育》（*The Education of Henry Adams*），它是從五十年前、他年輕時的視角來看蓄勢待發的二十世紀。此書拿到了普立茲獎，並被納入了二十世紀百大最重要非小說著作的名單。

第三十四章的〈加速度定律〉（The Law of Acceleration）提出，「加速度定律就跟任何力學定律一樣確切與恆常，會迸發出不可設想的能量來造福人類」。根據這條定律，亞當斯主張科學和其他的知識會擴展得極為迅速，使二〇〇〇年的社會對一九〇〇年的人來說是不可想像。為了闡述此定律，亞當斯提到從一八四〇年到一九〇〇年間，每噸煤所釋放的能量每十年就翻一倍。所以他預測說：「每個活到二〇〇〇年的美國人，都會知道要怎麼掌控無限的動力。」要是這樣就好了！

亞當斯當然是說錯了。到二〇〇〇年時，我們並沒有無限的動力。而且對一九〇〇年的人來說，二〇〇〇這年也沒多不可想像。事實上，對於生活是長得怎樣，有不少人預測得還滿準。例如H．G．威爾斯（H.G. Wells；譯按：英國著名科幻小說家）就預測會有奇特的新科技發明出來，像是雷射和核子武器。[17]而我們現今所看到的趨勢，有不少早在一九〇〇年時就已清晰可見，像是工業化和全球化。

超智慧機器

對於科技奇點為什麼不見得會發生，我所列出的十個原因並沒有證明它**不可能**發生。它依舊有可能。但希望我說服了各位，它並不是無可避免。就像我的很多同事曾試著打造出在行事上稍具智慧的機器，我也懷疑我們很快就會打造出能周而復始自我改良的機器。既然如此，科技奇點就會繼續依舊是個有趣但虛構的觀念。

我對科技奇點固然依舊存疑，但這並不表示機器不會達到人類級或超人類級的智慧。我衷心認為我們會達到這個地步。確切來說，我的成年生活全都是花在追求這個目標上。我們的智慧並沒有非常特別的地方，我們的生物性也是。而基於這個原因，我相信我們有朝一日將創造出會思考的機器。它的思考方式或許會跟我們不同。[18] 但它很可能會跟我們一樣有智慧。而且假如機器達到了人類級的智慧，終究來說，就很難想出它們為什麼不會超越我們的理由了。它已經在若干狹隘的範疇裏做到了這點。加上機器對人類本就具有若干先天的優勢。

但我不會想像說，光是坐在一旁看著機器自我改良，我們就會達到超智慧。我猜想，達到超智慧就跟達到生活中其他所有的科技進步一樣：靠的是戮力以赴、透過本身的巧思來發展科學，以及絞盡腦汁把機器擘畫得比我們聰明。

AlphaGo 學會了把圍棋下得比任何人類都好。但對於它一路以來是如何學習，AlphaGo 並沒有加以改良。假如你要 AlphaGo 在初學者的九乘九棋盤上下圍棋，而不是平常的十九乘十九棋盤，它就必須再學一次，幾乎是從頭來過。我們還不知道要怎麼把它在較大棋盤上所學到的事轉換到比較簡單的棋盤上。另一方面，人類圍棋手則能立刻就在九乘九的棋盤上開始下得虎虎生風。

在達到人類級的智慧前，人工智慧還有很長的路要走，更遑論是超智慧。但我衷心相信，我們會走到那裏。我們會發明出比我們優越的機器。它會比我們更強、更快、更有智慧。但希望我們會懂，這些機器可以如何把我們加以擴增和延伸，而不是加以取代。

生存威脅

好萊塢提點過我們，要擔心邪惡的機器人會試著來接管世界。確切來說，根據電影所演，魔鬼終結者將在二〇二九年首次啟動，因此我們也許就剩個十來年了。史蒂芬·霍金（Stephen Hawking；譯按：英國天文物理學家）曾表示，超智慧是我們最大的生存威脅，他說得對嗎？在這個星球上，我們是當下最有智慧的物種，其他所有的生命都要仰賴我們的善意來繼續生存下去。我們的命運會不會繼而就要仰賴這些優越、超智慧機器的善意？接下來所要談的問題就是，超智慧機器可不可能直接把我們消滅掉？它會不會成為人類的末日？

電影裏通常都把機器描繪得很邪惡。但無能為力似乎才是比較可能的風險，而不是心懷不軌。當然，我們必須考量到的可能性是，超智慧機器或許會在**無意間**使人類走入末日。而且可能發生這件事的情境有好幾種。

點金術

第一種風險情境是，超智慧機器的目標或許會設計得很糟糕。邁達斯國王（King Midas）的希臘神話就闡述了這點。有人實現了他的願望，使他所摸到的一切都會變成黃金。但對於自己真正想要的東西，國王卻指定得很糟糕：他並不想要食物或女兒變成黃金。

有人可能會主張說，人工智慧已經在某些微小和不是非常危險的方面顯示出這點。舉例來說，在二〇一七年由研究人員所通報的實驗中，他們教會了電腦去玩賽船的電玩遊戲《賽艇大亨》(*Coast Runners*)。人工智慧並沒有去完成比賽路線，而是學會了繞小圈去撞別的船，因為這樣所增加的分數比實際完賽要快。

由於超智慧機器這麼聰明，它達成目標的方式或許會把我們嚇一跳。假定我們要超智慧機器治療癌症。要做到這點，有一個辦法是把可能藏有癌症的宿主全部消滅掉，於是就使人類走入了末日。跟我們要它治療癌症時所想要的不盡相符。

類似的例子是以相當晦暗的看法來設想超智慧。假如我把治療癌症的差事交給你，你就開始殺人，我大概就會判定你並不是那麼有智慧。我們所設想有智慧的人是學過良好的價值，並懂得他人的苦難，尤其是敏感和感性的人。超智慧不是就該明智得恰如其分又有智慧嗎？

到處都是迴紋針

第二種風險情境是，即使目標經過適當指定，或許仍會有不利的副作用使人類群體受害。凡是為一些電腦程式碼除錯過的人都知道，電腦在解讀指令時，一板一眼到有多令人氣餒。伯斯特隆姆所提出的著名思想實驗就是在探討這種風險。

假定我們打造出超智慧機器，給它的目標是要盡可能多做迴紋針。由於機器是超智慧，所以它會非常善於製造迴紋針。機器可能會開始興建愈來愈多的迴紋針工廠。到最後，整個星球都會變成做迴紋針的工廠。機器完全是奉命行事，但結局卻對人類不利。

此時伯斯特隆姆並非真的相信，我們會為超智慧訂出把迴紋針極大化的目標，尤其是隨著我們意識到這個特定目標的風險。選擇迴紋針的生產只是為了示範，連平凡、隨意與看似無害的目標，都有可能嚴重偏離。

跟邁達斯主張一樣，這是以相當糟糕的看法來設想超智慧。超智慧不是應該也要能了解沒有明訂出來的隱含目標嗎？對，是要製作很多迴紋針，但不要危害到環境。而且肯定不要危害到人類。

他們還是我們？

第三種風險情境是，任何超智慧都會有跟人類群體的持續生存可能有所牴觸的子目標。假定超智慧有某個總體目標，像是增進人類的幸福或保護這個星球。你所能想像到任何像這樣的目標，幾乎都必須靠超智慧開發資源來讓它的舉動付諸實行。它也必須容許超智慧持續操作，好讓它能達成目標。

但人類可能會把機器關掉。此外，人類會去消耗用來讓超智慧本身的目標更好的資源。所以說，合乎邏輯的結論就是，超智慧會想要把我們消滅掉。如此一來，我們就無法把它關掉，或是去消耗運用在它的目標上可能會更好的資源。

自衛和攫取資源這些子目標，被美國電腦科學家史蒂芬・奧莫洪德（Stephen Omohundro）稱為兩股「基本的人工智慧驅力」。[19] 這樣的驅力是任何足夠有智慧的人工智慧系統都很可能會有的基本子目標。在亞瑟・克拉克的《二〇〇一：太空漫遊》（*2001: A Space Odyssey*）裏，HAL 9000電腦就代表了人工智慧在自衛驅力上或許是最為人所知的遠景。HAL 不惜一切企圖要阻止在發現一號（Discovery One）太空船上的太空人把電腦關機，於是就開始加以殺害。

其他基本的人工智慧驅力則是改善和創意。人工智慧系統十之八九會變得更有效率，在實體和運算上都是，因為這將有助於它達成其他一切可能會有的目標。而比較預料不到的則是，人工智慧系統十之八九會發揮創意來尋找新的方式，以便把目標達成得更有效率與成效。

效率並非壞事：它將有助於我們節省本身星球上的有限資源。但創意就比較是個挑戰了。它代表超智慧機器會不可預料。它會以我們可能沒預料到的方式來達成目標。這層風險到下一節會討論得更詳細。

移動靶

第四種風險情境是，任何超智慧都可能自我修改，開始運作得有所不同，甚至是為自己指派新的目標。假如我們給它的目標是把自己變得更有智慧，尤其有可能會這樣。我們如何能確定，經過重新設計的超智慧機器依舊符合人類的價值？新系統或許會把原本某個無害的地方給放大，並可能對我們非常有害。

移動靶不見得只有超智慧，它在操作時所處的更大系統也是。我們在人類的體制裏就已看過這種現象：所用的名稱則是「使命偏離」（mission creep）。你決定派一些軍事顧問去越南，十年後卻有數十萬軍人在戰場上打一場贏不了的全面戰爭。

在人工智慧的脈絡裏，這個移動靶的問題，已經以平凡無奇和不大有害的方式觀察到了。二〇〇八年時，谷歌推出了谷歌流感趨勢（Google Flu Trends）。它成了把大數據運用在社會公益上的典範，在預測全球流感季的時間上，比以往的方法更有效。谷歌流感趨勢是用谷歌搜尋（Google Search）的查詢內容來預測，流感會在什麼時候和什麼地方變得流行。假如某個地區有很多人開始問谷歌「喉嚨痛要怎麼治療？」以及「發燒是怎麼回事？」那流感或許就要開始擴散了。但在二〇一三年時，谷歌流感趨勢卻直接停止運作。現在它則相當默然地從谷歌下架了。是出了什麼錯？

問題就出在谷歌搜尋和它所處的人類生態系（ecosystem）是移動靶。谷歌搜尋變得愈來愈強。這樣的改善有部分在於，使用者甚至在查詢詞條完全鍵入之前，谷歌就會建議查詢內容。這些改善儼然是用偏見去引導民眾如何使用谷歌搜尋，進而損及谷歌流感趨勢的運作能力。把谷歌搜尋變得更強後，我們也把流感疫情變得更難預測了。

無感

第五種風險情境是，任何超智慧都可能對我們的命運完全無感，就如同我對某些較低智慧生命形式的命運無感。假如我在蓋新廠，對於滅掉了路上的蟻群，我不見得會特別擔心。我不會特地把螞蟻給滅掉，但牠們正好就在我的工廠預定地。同樣地，超智慧不見得會對我們的生存大為關切。假如我們正好妨礙了它的目標，我們可能會直接被消滅掉。超智慧並不是對我們心懷不軌，我們只是遭到了池魚之殃。

超智慧無感的危險是假定說，超智慧對人類群體無所依賴。我們可以不帶關切地滅掉任何群體，是因為把它滅掉不大可能會造成任何重大的副作用。但把人類群體滅掉可能會有一些嚴重的副作用，使超智慧會想要避開。誰要來提供超智慧所使用的基礎設施？在雲端執行的伺服器？驅動雲端的電力？把雲端連結在一起的網路？假如其中任何一項服務還是要靠人類，超智慧應該就不會對我們的命運無感。

同樣地，超智慧無感的危險，是假定超智慧不見得會對我們抱持家長心態。事實上，我並不確定「家長心態」在此是恰當的形容詞。由於它智慧高強，所以我們會像是它可能希望要保護的子女。但我們也會是它可能希望要保護的家長，以感謝我們使它存在。兩者都是超智慧不會對我們的命運無感的原因。

我們該擔心嗎？

這些生存風險有部分要靠超智慧非常迅速地衍生。假如這件事發生，我們就沒什麼機會看到問題出現並加以矯正了。但就如我們所見，假定不會有科技奇點的原因有很多。假如是這樣的話，超智慧就比較有可能是慢慢衍生，因為我們會費心把系統建造得愈來愈好。我的同事大部分都相信，超智慧要過好幾十年、甚至是好幾世紀才會降臨；假如他們說得對，我們應該會有不少時間來採取預防措施。

知道在過去十年間，有聚焦於人工智慧安全性的研究社群成立，各位或許也會鬆一口氣。在特斯拉（Tesla）執行長伊隆．馬斯克（Elon Musk）千萬美元補助款的部分資助下，現在美國、英國和其他地方都有研究團體，在為我剛才所勾勒出的這種風險尋求技術上的解決之道。我還滿有把握，憑著這些努力，人工智慧不會很快就把人類消滅掉。

不過，我們並不能完全摒除超智慧所構成的生存威脅。但我們八成應該把注意力集中在比較眼前的生存威脅上，還有人工智慧所構成比較眼前的非生存威脅。而且對於人工智慧很可能不會是人類所面臨最大的生存風險，各位不需要聽我的一面之詞。二〇一七年九月時，《泰晤士高等教育》（*Times Higher Education*）針對五十位諾貝爾獎得主做了調查，氣候、人口增長、核戰、疾病、自私、無知、恐怖主義、基本教義和現任美國總統川普（Donald Trump），在排名上對人類群體的威脅，都比人工智慧要大。

帕斯卡押注

我們暫且假定，超智慧真的存在。就算這是一個世紀或更久以後的事，馬斯克和伯斯特隆姆之類的人仍警告說，我們應該要非常關切。確切來說，他們怕人工智慧會是人最大的生存威脅，比核子毀滅、全球暖化和這個星球現今所面臨的其他所有危險還迫切。他們怕的是，機器會脫離我們的掌握，並可能在有意或無意間把人類消滅掉。

在我看來，這些聲音正受到布萊茲・帕斯卡（Blaise Pascal）所構築的古典哲學主張所誘惑。帕斯卡是法國的哲學家、數學家和物理學家，生於一六二三年、卒於一六六二年。在他去世後所出版的《思想錄》（*Pensées*）中，他提出了信奉上帝有其必要的主張，並成了眾所周知的帕斯卡押注。

帕斯卡押注如下所述：上帝存在或上帝不存在，你需要決定是哪種才對。確切來說，對於上帝存在不存在，你必須賭上自己的人生。這就是押一把。它沒得選：假如什麼都不做，你還是在押某一邊。

假如你信奉上帝，而且上帝的確真的存在，那你就會賺到永生永世的無窮幸福。假如你信奉上帝，而且上帝不存在，那你的損失也有限：在有限的人生裏，一舉一動都受到你所信奉的不存在上帝所支配。另一方面，假如你不信奉上帝，而上帝真的存在，那你的損失就會無窮：你放棄了永生永世的幸福。而假如你不信奉上帝，上帝也不存在，那你賺到的只會很有限：省掉信徒白費力氣的舉動。

帕斯卡的推理是「決策理論」的首批例子之一，也就是形成最佳決策的邏輯理論（如今人工智慧正站在為電腦落實決策理論的最前線。所以說，或許很諷刺的是，同樣這套理論觀念正使人把這個星球真正的生存威脅擺在一邊）。

決策理論告訴我們，信奉上帝的行為比不信奉的行為占便宜。你可以為了有機會賺到無窮的金額，而拿有限的金額來冒險。這是任何銀行業者或賭徒都該下的那種賭注。帕斯卡押注會使你從邏輯上來信奉上帝，因為這會把你預計能得到的潛在報酬極大化。

但光靠邏輯和或然率並不能決定我們該不該信奉上帝，關切超智慧的人正淪為類似陷阱的受害者。該主張如下：人類滅絕可能會奪走宇宙所有的生命，使它淪為死寂和沒有生氣的地方。它會使人類得到喪失幸福的機會。確切來說，科技奇點的擁護者有很多都是超人類派，也相信我們會征服死亡並變得長生不老。所以說，人類滅絕會導致幸福失去得更多。

因此，人類滅絕是頗嚴重的威脅，勝過其他所有的關切事項，即使發生的可能性微乎其微。它勝過全球金融危機。它勝過氣候變遷。它勝過政治或經濟體系崩壞。它甚至勝過川普或許會引發的最大危險。既然是這麼大的風險，我們便有義務把超智慧的風險，提高到其他所有關切事項之上，就如同在帕斯卡押注中，永恆的幸福和失去它把不信奉上帝的風險提高到了其他所有舉動之上。在這兩種情況下，我們都必須忽略其他所有的風險。

折現未來

事實上，現代的決策理論提供了辦法來反制帕斯卡押注，解法是看重當下但折現未來。今天獲得酬賞比明天拿到同樣的酬賞要有價值。我們是活在當下，而不是未來。這有賴於我們把酬賞看得相當現實與功利。但它或許是與我們的生物性相符的觀點。眼前的滿足勝過較長期的利益。

要折現未來，有一個簡單的方法是利用折現因子。[20] 假定我們把未來的幸福每年折現二%，也就是許多已開發經濟體目前的通膨率。這代表在一年的時間後，幸福對你的價值只會有今天幸福的九八%。我們也從簡單的功利視角來算算人口的幸福。把同樣的幸福給兩個人的價值會是把那樣的幸福給一個人的兩倍。

為了便於主張，我們假定世界人口會以目前的速度持續成長。到了明年，世界人口大約會比現今多一．一%。由於折現因子大於世界人口的成長率，所以（連無窮的）未來人口在所獲取的幸福質量上再也占不到便宜了。

六十三年後，目前的世界人口將會翻倍。但現在幸福對明天幸福的折現因子，代表在六十三年之後，人的幸福大約是值今天幸福的四分之一。因此，這些翻倍人口的折現幸福大約只值現在全球人口總體幸福的一半。所以使今天的世界幸福，比在六十三年的時間後來得重要。

一百二十六年後，目前的世界人口將會變四倍。只不過由於折現因子的關係，在一百二十六年後，人的幸福大約是值人在今天幸福的十六分之一。所以這些四倍人口的折現幸福，大約是值當前世界人口總體幸福的四分之一。我們再次看到，使今天的世界幸福比在一百二十六年的時間後來得重要。

連很小的折現因子，都會使我們把注意力聚焦在當下；而且我們現今就有很多迫在眉睫的風險要擔心。這些風險使我們受害會比超智慧要早得多。確切來說，本書是要示警人工智慧所造成的多項真正危險，其中有很多已開始損害社會。它們大部分只要靠現今所具有的笨人工智慧就行，而不是在五十年或一百年的時間後，很可能會有的聰明人工智慧。

絕不說「絕不」

當然，我們並不能有把握地說，超智慧絕不會是人類群體的生存威脅。歷史肯定給過很多絕不說「絕不」的教訓。

我的同事斯圖爾特・羅素（Stuart Russell）很喜歡提到，他那個時代最受敬重的物理學家之一歐尼斯特・拉塞福（Ernest Rutherford）聲稱，從原子裏擷取能量是「天方夜譚」，絕對不可能。一九三三年九月十二日的《泰晤士報》（*The Times*）引述了他所說的這句話。隔天，利奧・西拉德（Leo Szilard）便構思出核子連鎖反應的觀念，而把核子彈與核能都帶給了我們。[21]在二十四小時內，我們就從「絕不」變成了「真實到嚇人」。

在說「絕不」時，我們應該要審慎以對。對於聽信專家預測某事絕不會發生，克拉克提出了三條示警危險的定律。在考量未來時，值得把它銘記在心：

- **第一定律**：當出眾但年長的科學家聲明某事有可能時，幾乎肯定會說對。當他聲明某事不可能時，十有八九會說錯。
- **第二定律**：要發現可能的極限，唯一的辦法就是放膽往不可能跨過去一點。
- **第三定律**：任何足夠先進的科技，都難以跟魔法區分。

所以我姑且只聲明，科技奇點並非不可能，這樣各位就能研判要怎麼論斷這樣的預測了！

擺脫生物性

實際上，科技奇點有點偏離了超智慧的核心觀念。我們不用通過任何一種奇點，就可能達到超智慧。例如光靠著避開我們的生物侷限，機器就可能變得有超智慧。機器對人類的優勢有很多，我在最後一章會列出其中一些。

演化必須調和各種的生物限制。舉例來說，我們的大腦尺寸是限縮在一千億個神經元左右。大腦所消耗的能量固然比身體的其他任何器官都要多，但就限於二十瓦左右的電力。電腦則沒有這樣的極限。想要更多記憶體？那就多加一些記憶晶片。還要更多？就把資料存上雲端。想要更多電力？那就從牆上的電力插座裏取用更多安培。而且不像人類的是，電腦可以全年無休地運作。不需要休息或睡眠。

人類會受限於本身能感受到什麼。我們的聽力沒辦法像狗一樣敏銳，視力無法像老鷹一樣厲害。電腦則可以是克服這些侷限的超人類，它可以採用新的感測器；如同蚊子所具備的紅外線視覺，如同蝙蝠所用的超音波感測。大自然裏不具備的感測器，像是衛星定位系統、雷達和光學雷達。機器可以輕鬆就取得超能力。

這就是為什麼到二〇六二年時，自駕車將是比人類要好很多的駕駛。它並非只是因為技術比較熟練，雖然情況肯定會是如此。此外，它在算停車距離時，還能比我們準確得多。它絕對不會打錯檔，它絕對不會違反道路規則。它的雷達和光學雷達在感測道路時，將比人眼厲害得多，尤其是在天候惡劣時。它的衛星定位系統絕對不會迷路。在三十年的時間後，機器將是比我們要好很多的駕駛，使我們或許只會在賽車場上和其他控管非常嚴格的環境裏，才對人類駕駛放行。

到了二〇六二年，自駕車也將因集超人類於一身而會是比較好的駕駛。它絕對不會累，絕對不會分心。它會百分之百專注於開車，百分之百的時間都是。我可不想要超智慧在開我的車時，還在擔心要怎麼解決氣候變遷以及為中東帶來和平。我想要電腦把開車當成它唯一的目標。

大腦介面

馬斯克曾表示，如果要趕上機器，我們唯一的希望就是為大腦創造出快速又直接的介面。他創立了新創公司來開發「神經織網」(neural lace)，要把我們的大腦直接連上電腦。基於若干原因，對於馬斯克主張這將使我們趕上機器，我認為並沒有說服力。

第一，各位已經有非常快速的大腦介面：眼睛。根據估計，人眼的資料傳輸率是每秒約一千萬位元組。這約莫是乙太網路接埠把電腦連上網際網路的速度。

第二，對大腦的資料傳輸率似乎並不是人類認知的限制因子。花兩個小時念課本所學到的內容，很可能會遠多於花同樣長度的時間來看電影。但讀書兩個小時所產生的輸入，可能只會有千萬位元組左右，電影相較之下則會有二十億位元組。對大腦的資料傳輸率似乎並沒有拖累到我們。學習牽涉到抽象，而課本則是比較好也比較精簡的抽象。

第三，大腦已經有一大塊是專門在處理輸入資料。根據估計，大腦約莫有三分之一是用來處理視覺。大腦有廣大沒用到的部分可以處理某種神經織網的額外輸入，這是觀念上的迷思。

第四，把大腦介接到機器上只可能拖慢機器。人類和機器搭在一起，會比單靠人類或機器還厲害的例子，可以說幾乎沒有。有短暫的一陣子，人類搭電腦來下西洋棋曾比單靠人類或電腦厲害。但現在西洋棋電腦比我們厲害多了，我們只會礙事而已。更快的介面只會暴露出我們的侷限。而且假如擔心機器會接管局面，這可不見得是個好主意！

我們確實沒有快速的介面來輸出大腦的資訊。我們只有快速的介面來輸入資訊。說話或打字每分鐘只會讓我們輸出數千位元組的資訊。但這種緩慢的輸出速度會拖累大腦的證據，似乎並沒有很多。我不曉得各位是怎樣，但我在打字和說話上已經可以跟思考一樣快了。

對機器保持領先

假如更快的介面不是人類對機器保持領先的辦法，那什麼才是？我們需要發揮所長，像是創意、適應力、情緒與社會智力（social intelligence）。但最重要的是，我們需要把所有那些使人類特別的東西都發揮出來，藝術、愛、笑容、正義感和公平競爭、勇氣與韌性、樂觀、人類精神、社群。

機器變得有多聰明都無所謂，它永遠都會是機器。人類的經驗依舊會有獨特的人味。希望數位人會充分利用這點，把機器做得最好的那些差事外包給機器，並聚焦在人類的體驗上。

第三章
意識的末日

意識是我們非常特別的部分。從早上醒來的那刻到夜裏入睡的時間，意識都是我們生活體驗的主軸。「我們是誰」就是以此為核心。我們不光是有智慧，還覺知到自己有智慧。我們會反思自己是誰。我們會擔心。我們會回想過去。我們會計畫未來。

有時這種覺知會變得很沉重，我們就會去尋求體驗來轉移意識心智。活在當下就好，我們會冥想、玩音樂、跑馬拉松、喝酒或是從崖上定點跳傘。

意識是什麼？它是如何連結智慧？機器以後會不會有意識？到二〇六二年時，人工智慧可不可能甚至會讓我們把意識心智上傳到雲端？數位人會不會有部分生物和部分數位的意識？

難解的問題

澳洲哲學家大衛・查爾默斯（David Chalmers）把意識稱為「難解的問題」(hard problem)。有些人甚至主張，對我們的有限心智來說，這個問題太難解，或者它全然是位在科學探究的範疇外。查爾默斯衷心相信，意識終將在科學上獲得了解，但在一九九五年時，他主張我們目前少了樣重要的東西：「如果要說明意識經驗，我們在解釋中就需要額外的素材。對於把意識這個難解的問題放在心上的人來說，這所構成的挑戰在於：額外的素材是什麼，意識經驗又為什麼該以此來說明？」[1]

到了幾年後，他表示說：

> 意識是心智科學最無解的問題。沒什麼東西比意識經驗更為我們所熟知，但也沒什麼東西比它更難以解釋。各種心智現象在近年來都投入了科學調查，卻遭到了意識頑強抵抗。有很多人嘗試去解釋，但解釋似乎老搔不到癢處。[2]

我們沒有儀器可測量意識。就我們所能得知，意識並不是由大腦的哪個部分所形成。我們個個對於有意識都有所覺知，而且有鑑於生物上的親近性，大部分的人都是有所準備地去接受別人也有意識。

我們甚至認定，某些動物具備了程度有限的意識。狗有某種程度的意識，貓也是。但並沒有很多人認為，螞蟻在意識方面會多到什麼地步。假如你去看我們現今所建造的機器，那你就能相當確定，它們絕對沒有意識。

AlphaGo 不會在早上醒來時想說：「你知道怎麼了嗎？你們人類真的不擅長下圍棋。我要來改玩網路撲克，以便替自己賺點錢。」事實上，AlphaGo 連自己在下圍棋都不知道。它以後會只做一件事：把它所估計自己會下贏現有棋局的或然率給極大化。而且它肯定不會在醒來時想說：「實際上，我對下棋局感到厭煩了。我要來接管這個星球。」除了把下贏的或然率給極大化，AlphaGo 就沒有別的目標了。它沒有欲望。它是下圍棋的程式，以後也會是。它不會在下輸時難過，或者在下贏時開心。

但我們無法確定這種處境不會改變。或許到了將來，我們會打造出有意識的機器。為了符合倫理來行事，電腦能反思自己的決定或許會非常重要。為了在變動不居的世界裏行動，所建造的機器或許必須有非常公開的目標，並能反思要怎麼達成甚至是改寫這些目標。這些或許會是走向有意識機器的步驟。

意識在我們的生存中是這麼重要的部分，所以我們一定會想說，它有沒有為我們帶來強大的演化優勢。我們的複雜社會行得通，有部分就是因為我們會意識到別人可能會怎麼想。而且假如意識是人類這麼強大的演化優勢，那為機器賦予這樣的優勢可能也會有用。

有意識的機器

機器的意識可能會以三種方式中的一種來發生：可能是寫程式，可能是從複雜中衍生出來，或者可能是學習。

第一條路似乎很難。我們要怎麼替我們了解得這麼糟糕的東西寫程式？在機器上覆蓋執行層來監控它的舉動和推理可能就夠了。或者我們可能必須等到對意識更加了解後，才能開始替它寫程式。

要不然就是意識不見得需要靠程式來明訂，它可能就是種衍生現象。在複雜的系統中，衍生現象的例子還不少。例如生命就是從複雜的宇宙中衍生出來。意識可能會很類似，從足夠複雜的宇宙中衍生出來。在大自然中的情況，肯定是意識跟較大與較複雜的大腦相關。我們對意識懂得少之又少，所以無法摒除的可能性是，它可能會從足夠複雜的人工智慧系統中衍生出來。

第三個選項也並非不合理，那就是機器靠學習而有意識。我們的意識有很多儼然是靠學習而來。在出生時，我們的意識有限。光是發現自己的腳趾就會讓我們樂不可支。要經過若干個月，甚至是一年以上，我們才會意會到，鏡中所照出來的形象事實上就是自己。假如我們學得會自我感，機器就不能比照辦理嗎？

不過，意識可能會是機器模擬不來的東西。它可能會是那種恰當物質的特性。有個類比就是天氣。電腦可以模擬風暴，但電腦裏面絕對不會變濕。同樣地，意識可能只會在物質排列恰當下發生。而且矽不見得會是使意識產生的那種恰當物質。

殭屍智慧

我跟別人談到人工智慧時，他們所聚焦的常常是第二個詞「智慧」。畢竟使我們特別的就是智慧，人工智慧嘗試要打造的也是智慧。但我也會提醒別人要想想「人工」這個詞。在二〇六二年時，我們可能會總算打造出一種非常不同、非常**人工**的智慧，而有別於我們所擁有的自然智慧。舉例來說，它不見得會是有意識的智慧。

飛行是不錯的類比。身為人類，我們非常成功打造出了人工飛行。我們所打造出的飛機能飛得比音速快，在數小時內橫跨海洋，並載運數以噸計的貨物。假如我們是嘗試去重新創造自然飛行，我猜我們還在跑道的盡頭拍著翅膀。我們是從與自然完全不同的角度來解決飛行問題，靠的是固定的翅膀與強大的引擎。自然和人工飛行都是仰賴同一套空氣力學理論，但對飛行挑戰的解決之道卻有所不同。而且自然所找的解決之道不一定是最容易或最好。[3]

同樣地，跟自然智慧比起來，人工智慧對問題的解決之道可能會非常不同。它可能會有所不同的一面是，它可能會是無意識的智慧形式，查爾默斯稱之為「殭屍智慧」（zombie intelligence）。我們可能會把人工智慧打造成有智慧，甚至是超智慧，但缺乏任何形式的意識。它在我們眼中必然會是**人工**智慧。殭屍智慧會證實，智慧和意識是有點差別的現象。我們會有不帶意識的智慧。但除非你能發展出不帶智慧的意識，這似乎更加不可能，否則殭屍智慧並不會顯現出兩種現象能完全區別開來。有一種就等於有另一種，但反之並不亦然。

對人類來說，殭屍智慧會是幸運的倫理破口。假如人工智慧只是殭屍智慧，那我們就不見得必須去擔心要怎麼對待機器。我們可以要機器去做最枯燥和最單調的差事。我們可以把它關機，而不用擔心它會受苦。另一方面，假如人工智慧不屬於殭屍智慧的類型，我們或許就必須在倫理上做一些棘手的決定。假如機器變得有意識，它有沒有權利可言？有人已經在推動對猩猩科授予法律人格，像是黑猩猩和大猩猩。假如智慧機器有意識，它會不會獲得類似的權利？我們還能不能把它關機呢？

令人驚嘆的章魚

在這個星球上，人類並非唯一有意識的生命。大自然至少為智慧和意識找到了兩條不同的路，頭足綱在神經系統的類型上和脊椎動物有著根本上的不同，尤其是蛸亞綱，它是由章魚之類的無脊椎動物所組成。在所有的無脊椎動物中，頭足綱被認為最有智慧。

這聽起來不見得令人驚豔，因為有若干無脊椎動物根本沒有腦，像是蛤蜊；但頭足綱的智慧驚人，牠們會使用工具，牠們在一起獵捕時會合作與溝通，牠們打得開螺旋蓋的罐子。頭足綱甚至儼然能辨識和記住人。在德國的科堡（Coburg），海星水族館（Sea Star Aquarium）的知名章魚奧托（Otto），據稱能在夜裏靠著噴水來把討厭的兩千瓦聚光燈給關掉。牠們解決問題的能力有其他很多令人莞爾的例子，包括從儲存槽裏逃脫的習性在內。

由於有智慧，頭足綱在一些國家都受到了免於科學試驗的保護。在英國，普通章魚是唯一受到一九八六年的《動物（科學程序）法》（*Animals [Scientific Procedures] Act*）所保護的無脊椎動物。而在歐洲，為了保護科學實驗中的動物，二〇一〇年還下達了指令，頭足綱則是唯一受到保護的無脊椎動物。

頭足綱是在六億年前左右與人類分家，比恐龍漫步於這個星球前要早得多。在那時候，最複雜的動物各只有幾個神經元。頭足綱發展智慧的方式與我們有天壤之別。章魚的神經元有五分之三是在牠的八爪上。每隻爪都能獨立於其餘各隻來感受和思考。在某種意義上，每隻爪彷彿都有自己的大腦。當你的爪全都各行其是時，很難想像章魚會變成什麼樣子——或許會有點像是喝醉了。

這種怪異的奇特智慧形式提醒了我們，人工智慧或許有朝一日會與人類有著非常不同的智慧。即使我們把人工智慧打造成有智慧，跟我們比起來，它或許仍會是非常**人工**的智慧，而且這或許又會是幸運的倫理破口。

乳牛、豬和其他許多受到我們馴養的動物，都有一定程度的智慧和意識。但我們似乎是有所準備地去漠視我們對待牠們的苛刻，有部分就是因為牠們跟我們夠「不同」。同樣地，我們或許願意以換成人類就不能接受的方式，來對待**人工**智慧。

痛苦的問題

現今的機器不會遭受到痛苦，這或許不令人訝異，因為機器沒有意識，而痛苦似乎是跟意識息息相關。人權可視為對預防痛苦與折磨的道德回應；所以要是沒有痛苦，機器或許就沒有權利？

就科技的視角而言，讓機器在二〇六二年體驗到痛苦或許會有用。這該是像我們這樣的真實痛苦還是人工痛苦，則可開放來辯論。痛苦有悠久的演化史，而且對人類和其他動物儼然都很適用。痛苦可能會有助於機器人更快從錯誤中學習。我們會把手迅速從火上移開，並不是因為辨識出了火所造成的損害，而是因為痛苦強烈，類似的反饋機制可能會使機器人受益。

但給機器痛苦也可能適得其反。如此一來，它可能會變得能夠受苦，所以就該有權利來防止自己受苦。這會大大限縮它的用處，因為我們不見得能強迫它去做最骯髒和最危險的工作。而且假如要給機器人痛苦，我們或許也該給它恐懼。恐懼常是位居在痛苦之前，也是為了防止受傷。而且為什麼要到此為止？給機器人其他的人類情緒就不見得有用嗎，像是欲望、快樂、興趣、訝異、驚嘆，甚或悲痛？

人類有豐富的情緒生活。確切來說，我們的情緒和智慧似乎是息息相關。我們的行為有很多都是受情緒所驅使。情緒儼然會帶來顯著的演化優勢：訝異有助於我們辨認出新的和可能有危險的事物；好奇會驅使我們去探索和掌握世界。我們不會想要機器具備這些優勢嗎？

現今的機器沒有情緒。不過，它正開始對人類的情緒有初步的了解。例如它可以研判，電子郵件的內容是不是帶著火氣。在我們與機器會有的漫長交談中，這將有助於它與我們互動。

電影《雲端情人》（*Her*）演得很寫實。人工智慧是二〇六二年的作業系統。靠著對它們說話，我們將日益與生活中所有的連線裝置互動。不會有任何鍵盤，只會有輸入和輸出的用語。而且這樣的交談會跟著你從房間到房間、到車上、到辦公室和回到家裏。

為了使這些交談更引人入勝，科技人員會很想讓機器擁有自己的情緒生活。這些情緒是要真的還是假的，則又是有待辯論。但似乎極有可能的是，在二〇六二年與我們互動的智慧機器將會有情緒。

在道格拉斯・亞當斯（Douglas Adams）的《銀河便車指南》（*The Hitchhiker's Guide to the Galaxy*）裏，偏執狂機器人馬文就充分表現出了這點：「所以當然，我左下半身的二極體全都產生了這種劇痛……」不但二極體會痛，他也是出了名的憂鬱機器人：

亞瑟・丹特：〔地球〕是很美的地方。
馬文：它有海洋嗎？
亞瑟・丹特：噢，有；很棒的廣闊洶湧藍色海洋。
馬文：真受不了海洋。

這些相當人性的特徵，使馬文受到《銀河便車指南》成千上萬的粉絲所喜愛。到二〇六二年時，我們可以預期，我們的情緒會受到其他許多機器所打動。

自由意志的問題

即使意識對人工智慧來說證明不是問題，我們仍必須考慮到另一個麻煩又相關的哲學問題。

自由意志的問題。人工智慧把這個舊有的挑戰赤裸裸凸顯了出來，因為電腦是決定論的機器。它是遵照精準的指令。電腦之類的數位裝置可說是我們最為決定論的發明。

恆溫器之類的類比裝置會有容忍量和不確定量，代表它或許會以出乎意料的方式來行事。連簡單的系統都可能有混亂的反饋迴圈，而使預測行為或許就變得不可能。數位裝置則沒有這樣的模糊空間。狀態不是○就是一。沒有不確定量或機率。電腦是以物理來詮釋數學邏輯，所以會既確切清楚又有邏輯。一加一等於二，九的平方根是三。

如此一來，人工智慧、在電腦裏跑的決定論程式要怎樣才能有任何一種自由意志？自由意志是許多科學家會小心避開的其中一個主題。大部分的科學家就寢時，都知道自己無法真的解釋它；我們發展出數學方程式來掌握神經元到底是在什麼時候激發，我們設定出化學路徑來得到精準的結局，我們討論出由確切的微分方程式所驅動的離子轉移。在這些大腦模型裏，哪裏有自由意志的空間？

自由意志的問題並非侷限於人工智慧。在我們本身的生物大腦裏，它是科學解釋起來會很吃力的事。我們的科學大腦模型裏留有可能藏著自由意志的空白，有一個地方就是量子奇異性。

羅傑．彭羅斯（Roger Penrose）是對人工智慧的可能性批評最力的人之一，他主張大腦不是演算法，不能靠正規的數位電腦來建立模型。他推測在人類的大腦裏，量子效應（quantum effects）扮演了不可或缺的角色。[4] 量子效應是否真扮演了這個不可或缺的角色，在科學上仍莫衷一是。但就算是真的，也阻止不了數位電腦去模擬量子效應。這使我們不禁想說，彭羅斯是不是或許真的找到了幽靈的藏身之處。

另一個可能藏著自由意志的地方是，我們在互動時所處世界的複雜性。自由意志可能只是人與環境互動時的產物。如同美國科學哲學家丹尼爾・丹尼特（Daniel Dennett）所主張，自由意志可能只是從這樣的複雜性衍生的幻覺。

我們常會記不得的是，複雜的世界正在形塑我們的決策。在非常複雜的大系統裏，我們眼中的自由意志只不過是它的結果，我們則只是裏面的小螺絲釘。不管自由意志到頭來是真的還是幻覺，人工智慧或許都有助於我們解開這個謎題。

符合倫理的機器人

假如智慧機器真的要有自由意志，那我們就必須關切它的價值。它會不會用這樣的自由意志來作惡？甚至在沒有自由意志時，我們也會要智慧機器符合倫理來行事。

此處的問題不是只在於**聰明**的機器。我們也會要非常笨的人工智慧符合倫理來行事。確切來說，我們現今在自駕車上就有這個問題。這還不算是非常有智慧，但我們已經讓它來決定人類的生死了。

說到符合倫理來行事，有意識的機器對沒有意識的機器將具有某種優勢。它可以反思自己的舉動，過去、當下和未來都行。它可以反思別人會如何受到這些舉動所衝擊。在打造符合倫理來行事的機器人時，很難想像會沒有執行層在某方面是像有意識的人類自我那樣來行動。

掌控機器人要如何行動的這個執行層該怎麼做？我們或許該以程式寫出像艾西莫夫的機器人三定律（Asimov's three laws of robotics）這樣的東西嗎？著名科幻小說家以撒・艾西莫夫（Isaac Asimov）早在一九四二年就提出了他的著名定律。

- **第一定律：**機器人不可傷害人類個體，或是容許本身的不作為使人類個體受害。
- **第二定律：**機器人必須服從人類所下的命令，例外則是這樣的命令會牴觸第一定律。
- **第三定律：**機器人必須保護本身的存在，只要這樣的保護不牴觸第一或第二定律。

艾西莫夫聲稱，這些定律是來自二〇五八年第五十六版的《機器人手冊》（*Handbook of Robotics*）。我確信到二〇五八年時，艾西莫夫會說得對，在打造機器人上也會有定義明確的倫理守則。但假如艾西莫夫的故事有什麼啟示，那就是它證實了三定律的限制。假如採取行動會害到一個人，但什麼都不做會害到另一個人，那要怎麼辦？假如兩個人所下的命令有所牴觸，那要怎麼辦？

經典的電車問題（trolley problem）就是那種道德兩難在挑戰艾西莫夫定律的例子。假定你坐在自己的特斯拉，沿路都是以自駕模式行駛。突然有兩個小孩為了追球而跑到馬路上。特斯拉是要衝向兩個小孩，還是要打偏撞向停放中的車輛？電腦有千分之一秒來決定要採取哪項行動，而且或許全都會導致傷害，甚或是死亡。控制權沒時間交還給你了。什麼都不做很可能會使小孩送命。但採取閃避的行動而打偏撞向停放中的車輛很可能會使你送命，艾西莫夫定律（Asimov's laws）無助於特斯拉決定要怎麼做才好。

他後來所導入的第四條定律，對映出了艾西莫夫定律的限制。

● **第零定律**：機器人不可害到人類群體，或是容許本身的不作為使人類群體受害。

這條定律是編號為零，因為它位居在原本三條定律之前。該定律所呈現的事實在於，在某些處境中，機器人使人受害或許才是機器人的最佳舉動。但對於「特斯拉式的電車問題」（Tesla-trolley problem）到底要怎麼做才好，它還是留下了不確定性。

艾西莫夫的第零定律反倒引發了一組新鮮的問題。機器人要如何才能決定，為害人類群體的是什麼？甚至什麼才是「為害人類群體」？舉例來說，對於活著的人和還沒出生的人，我們人類在福祉上要怎麼取捨？

我猜想，智慧機器的倫理或許無法以手工來寫程式。我們或許要轉而決定，讓機器去學習符合倫理來行事。這可不是毫無挑戰性，我們人類的行動方式就常常不符合我們為自己訂下的倫理標準。因此，機器會難以靠觀察人類的行為來學習倫理。

事實上，我們八成應該對機器設下比人類要高的倫理標準，它毫無我們人類的弱點。自駕車可以透過程式而絕不超速。自駕的武裝無人機可以程式為永遠遵守國際人道法。機器人律師可以藉由程式為絕不隱匿所發現的證據。有趣的成疑問題則是：這樣的超倫理要去哪裏學？

死亡的末日

我們的意識是與我們活著息息相關。而且就現有的科學所能告訴我們的是，意識儼然是隨著死亡而告終。所以說，這就把我們帶到了死亡的課題上。而且為了探究死亡，我們將從超人類主義著手。

人工智慧現今已頗具主流地位。二十年前，當我告訴別人，我在做人工智慧時，他們就會拿「電腦有多笨」來嘲諷和開玩笑。可是現在，隨著人工智慧開始滲入甚至是改善我們的生活環節，大家常會說的則是：「你在做人工智慧？酷！」另一方面，強人工智慧依舊還是在外圍搶灘。而假如要開始探索那層外圍，有一個最後或許會觸及的地方就是超人類主義。各位在這裏會發現，有人把人工智慧視為騙過死亡本身的方式。

有趣的是，對於人工智慧所構成的生存威脅，有很多警示較有力的人都是超人類派，就像是伯斯特隆姆。當然，這應該不會太令人訝異。假如你打算活到永遠，人工智慧卻要滅亡人類，那你本身就會損失慘重。因此看到超人類派很想盡可能早點看到人工智慧，這不免諷刺到令人發噱，因為它將有助於他們達成超人類派的夢想，但對於人工智慧或許會做什麼，他們同樣感到害怕。

人工智慧可能會如何成為死亡的末日？我們的生物自我是非常不完美的載體，病毒和細菌感染會侵入我們的防線。我們的免疫系統會破口，讓癌症生根而使我們送命。我們的修復機制會停止運作，而使我們變得衰老。到了七十年後，大部分的人都正在一腳踏進棺材。對我們的智慧來說，矽會是十分優越的宿主。它更快速、容量更大，而且多半不會腐朽。既然數位資訊可以分毫不差地複製，我們就能隨時在完美的新宿主上重新開機。

所以在二〇六二年時，我們會不會是直接把大腦上傳到雲端，而採用虛擬的存在？有鑑於數位基材的優越特性，數位人會不會是完全數位？或者數位人會不會依舊是部分生物、部分數位？這些問題的答案在某種程度上是看意識的本質。假如意識是專屬於生物，那把自己上傳到雲端就會遺留下重要的東西，我們的殭屍自我可能儼然就會是我們。它會知道所有我們知道的事。它會說所有我們會說的話。但它並不是我們。另一方面，假如人工智慧能有意識，那我們所上傳的自我，或許就可能會繼承與我們的生物自我類似的意識，這是更麻煩的可能性。

所幸科技上的限制或許會幫我們免除掉上傳大腦所引發的倫理兩難。要把我們生物大腦的內容讀取到夠準確而成為數位拷貝，這或許根本就不可能或不切實際。人類的大腦有數十億個神經元和數兆個突觸，是我們所知宇宙中在數量級上最複雜的系統。要對它逐一「讀取」，在技術上可能根本就行不通。要不然就是，它或許有可能，但只會造成毀滅。這代表我們可以讀取大腦的內容，但這麼做會把原本的給毀掉。如此一來，我們或許能創造出人工拷貝，但運作中的生物大腦就不會遺留下來了，這會幫我們免除掉一些關於身分與自我的道德和倫理難題。

虛擬生活

我預期我們會保有生物的形式，但會以不斷幫上忙的數位助理來加以擴增。我們也會有在數位世界裏聽起來和一舉一動就有如我們的數位化身。而且到二〇六二年時，我們將把自己沉浸在不可能與現實世界區分開來的虛擬和擴增世界裏。即使實體在現實世界，大腦也會認為自己是在數位世界。

這些虛擬世界會非常撩人。在這樣的世界裏，我們全都能名利雙收，我們全都能漂亮、英俊又聰明，我們全都能成功，沒有什麼會是遙不可及。

現實世界必定會比較不討喜。不令人訝異的是，對於以這種方式來逃避現實，有些人會變得上癮，清醒的每一刻都是在虛擬世界裏度過。我們已經可以看到這樣的趨勢，在已開發世界蔓延。在二〇〇〇年代，二十一到三十歲之間、學歷在學士以下的美國男性，在工時上出現了兩成的衰減。在此同時，其中很多男性花在打電玩遊戲上的時間量卻增加了。確切來說，有很多人是打電玩遊戲所花的時間多過與朋友交際、投入運動或從事其他嗜好。在二十一到五十五歲之間的總遊戲人口中，這群人就占了四成，儘管在該年齡層的人口中只占了一成。對這群人來說，虛擬世界儼然日益是在提供逃避現實世界的管道。

虛擬世界會造成紊亂的地方在於，有些人棲息其中是為了以現實世界所不能接受的方式來行動。社會必須決定，現實世界裏的違法行為在虛擬中該不該列為違法或封鎖。要不然就是，社會或許會決定要這樣的虛擬世界提供必要的安全閥。它決定起來會很困難，我預計意見會來回擺盪。

生物性的末日

打敗生物性是我們可能會使死亡走向末日的另一個方式。人工智慧將幫助我們更加了解人體是如何運作，以及要怎麼阻止、甚至是逆轉老化。或許我們將直接把會找上我們的疾病全部治好，包括在西方世界中帶走大多數性命的疾病：年老。

我們為什麼是活七十年，而不是七百年？假如我們能活到七百年，那為什麼要到此為止？以我們前半段的生命來說，我們的身體算頗為善於自我修復。或許我們能騙身體去把這件事做到更長的時間？結合CRISPR[5]之類基因編輯的新科技，人工智慧可能就會幫助我們邁向長生不老之路。

人類的生存要改變至此，社會就必須深切改變。假如這樣的「長生不老」是限於有錢人，社會將變得更加分裂，一邊是長生不老的富人，一邊是行將就木的窮人。富人已經是活得比窮人久了，但這樣的鮮明差距很可能會招致諸多的社會異議。

另一方面，假如這種長生不老是一體適用，那我們就需要徹底來重新想像社會要怎麼運行。我們需不需要導入自願安樂死，為新生代騰出空間？我們需不需要零子女政策，或許是以樂透來決定你可以在什麼時候生小孩，以取代意外或蓄意身亡的人？童年、工作和退休的生命週期可能延續了數百年、甚或數千年，我們要怎麼加以改造？

沒有末日的生命，也有賴於我們去重新思索生存的意義。短促是人類經驗的特點。生命短暫，而它的美妙之處有部分就在於此。我們必須盡情活出生命，因為沒有人知道它什麼時候會結束，而且我們全都共有相同的最終命運。假如數位人超越了這點，我們或許就需要以全新的信念來為生命賦予意義。

第四章
工作的末日

我們可別忘了，「工作」是唯一真正不堪入耳的粗話。人工智慧在二〇六二年最顯而易見的衝擊之一，就是人類所做的工作會少很多。未來或許會把現今屬於某些有錢人的專利直接給我們：閒暇的生活。它可能會被稱為二次文藝復興，因為流汗的事會交給機器，我們則會把時間聚焦在更重要的事情上，而不只是讓自己吃飽和安居。我們會去創作和欣賞偉大的藝術。我們會去扶植和擴展社群，並投入健康而激烈的政治辯論。而且我們會去保護和欣賞我們這個美麗的地球。有些人甚至可能會利用所有這些的空閒時間來成為業餘科學家。我們會去發現更多的宇宙奇觀，而且無疑會借助機器助理。就像是前一次的文藝復興，它將是我們對所處宇宙的知識迅速擴展的時期。

整體來說，二〇六二年的生活會挺好。我們所需要的基本用品將大幅降價，因為它會由更有效率的機器來生產。貧窮會是遙遠的記憶，就如同對已開發世界的我們來說，維多利亞時代的救濟院已是遙遠的記憶。而且對還是選擇要工作的人來說，周休會有四或五天。我們全都會共享由不眠不休的機器所創造出的財富。

從二〇六二年來回顧，二〇〇〇年看起來將非常守舊。值得回想的事，只有在一九〇〇到一九六二年間，連澳洲、美國和英國之類的已開發國家都變化得有多劇烈。相當有可能的是，在二〇〇〇到二〇六二年間，我們的生活將有同等的變化。

在一九〇〇年時，街上滿是馬匹和拖車。有很多人是在惡劣的條件下工作，所做的工作既單調又枯燥。以那年出生的人來說，預期壽命只有四十一年。假如快轉六十二年，我們則是就快要登上月球，街上滿是汽車和貨車，工作條件也大有改善。噴射機的年代展開，世界快速拉近。經過兩次世界大戰的紛亂和大蕭條後，它是樂觀的年代。科學為我們的生活帶來了顯著的益處，社會有種注定會大為改善的感覺。所謂的「搖擺一九六〇年代」時期就在眼前。預期壽命翻了快一倍，來到了一九七一年。

二〇六二年可能會是類似的樂觀時代。為了針對新科技來調整，我們或許已受了近五十年的苦，但此時有很多擔子將由機器扛起，生活也將大幅改善。貧窮將會消滅。預期人類壽命將達一百年以上。從二〇六二年回顧，二〇〇〇年似乎真的會像是另一個年代。

所有工作的半數

經濟學家現今所關切的一件事在於，二〇六二年，有很多工作會直接消失。很多的工作會遭到自動化而不復存在。這會不會是工作的末日？假如機器在身心上都能把我們比下去，那人類還剩什麼事可做？

這樣的恐懼非同小可。二〇一七年十月，谷歌宣布在接下來的五年，要透過「與谷歌一同成長」(Grow with Google）的計畫，花十億美元來為美國的員工重新訓練新技能，以幫助地方和小型企業成長，並支援世界各地在這些地方運作的非營利機構。谷歌所有的員工也將在這些非營利機構裏，擔任累計一百萬小時的志工。

對失業的諸多恐懼可追溯到二〇一三年，牛津大學的卡爾・佛雷（Carl B. Frey）和麥克・奥斯本尼（Michael A. Osborne）研究了自動化的衝擊。研究中提出了廣受引述的預測，在接下來的二十年間，自動化將威脅到美國四七%的工作。其他較為近期與詳細的研究，也提出了類似的聳動預測。

必須說在上世紀的大部分時候，每隔一定的時間就會有經濟學家提出這樣的預測。例如早在一九三〇年，英國經濟學家凱因斯（John Maynard Keynes）就警示過「新疾病，有些讀者不見得聽過它的名號，但幾年之後就會常聽到，那就是科技性失業（technological unemployment）」。經濟學家十之八九還滿常說錯，所以或許應該不令人訝異的是，這些比較早期的預測並沒有成真。儘管凱因斯有所警示，大部分國家現今的失業率卻是處在歷史新低，而且這還沒計入世界人口正處在歷史新高。工作並沒有來到末日，確切來說，應運而生的工作儼然是多了不少。而且有很多人似乎是花了愈來愈多的時間去做。

佛雷和奧斯本尼的報告有兩件事很顯眼。第一，報告本身仰賴自動化。作者是用機器學習來預測，七百多種不同的工作到底有哪些可能會自動化。當然很諷刺的是，報告講的是工作自動化，本身卻大舉仰賴自動化；我們似乎必須等到機器開始告訴我們，我們將遭到自動化，我們才會準備去認真傾聽。

在佛雷和奧斯本尼的報告中，第二件顯眼的事在於，預測會有自動化風險的工作數多到令人驚嘆。在所有的工作中，預測會有風險的達近半數。這所造成的迷因屢屢重複上演。二〇一五年十一月時，英國央行的首席經濟學家安迪・霍丹（Andy Haldane）預測說，在英國所有的工作中，有自動化風險的約達半數。二〇一六年十月時，時任世界銀行總裁的金墉（Jim Yong Kim）預測說，印度有六九%的工作、中國有七七%的工作面臨風險。在像這樣的偏高數字下，有很多人開始擔心就不令人訝異了。

在往下談之前，我們一次講明白有風險的工作百分比。凡是有人宣稱能預測在接下來二十年會有風險的工作數，尤其是精準到四七%、六九%或七七%，那就是在騙自己，也試著要騙你。

對於有風險的工作數，我們並沒有真正的概念；其中有太多的不確定性了。

訓練資料

像佛雷和奧斯本尼，以及世界銀行和其他人那樣的預測很可能出錯，有一個原因是因為輸入的訓練資料有誤。在運算上有句名言：「垃圾進、垃圾出。」（GIGO，Garbage in, garbage out.）以這個案例來說，在佛雷和奧斯本尼的研究中，分類器的預測是徹底仰賴訓練資料。研究人員是以手工來分類，在七百零二項所研究的不同工作中，有七十項在接下來的二十年間是不是有自動化風險。他們的分類是二元式：工作要不是有自動化風險，就是沒有自動化風險。然而，所分類的工作有些很可能是模稜兩可。舉例來說，有一項被他們分類為有自動化風險的工作就是**會計和稽核**。擔任會計和稽核肯定是在接下來的幾十年間會被自動化的一環，但我懷疑擔任會計和稽核的工作會就此消失。

無論如何，佛雷和奧斯本尼就是把七十項工作中的三十七項，分類為有自動化風險。這表示在他們當成輸入來提供給分類器的訓練資料中，有一半以上是被說成有自動化風險。所以說不令人訝異的是，分類器的輸出會預測在整組的七百零二項工作中，有自動化風險的約莫達半數。假如他們的訓練組比較審慎，比方說在四項工作中只把一項標示為有自動化風險，那對整組工作的總體預測很可能就會同樣審慎。

二〇一七年一月，我決定自辦調查來探討這個觀念，其中也請了人工智慧專家預測，機器要過多久才會跟人類一樣聰明。我請了三百位人工智慧和機器人領域的專家來分類，看在佛雷和奧斯本尼的訓練組中，哪些工作在接下來的二十年間會有自動化風險。我也拿同樣的問題問了近五百位的非專家，也就是看過我針對撲克機器人的進步所寫文章的大眾。非專家幾乎是全面認同佛雷和奧斯本尼的預測，但人工智慧和機器人方面的專家則是審慎得多。[1] 比起佛雷和奧斯本尼，他們預測有自動化風險的工作約莫少了兩成。當然，連這樣所換算出的工作數還是很可觀，但並沒有像牛津大學研究中所顯示的那般聳動。

修理腳踏車

就算假定我們能以更好的訓練資料來矯正佛雷和奧斯本尼的預測，事情也還沒結束。舉例來說，對於**腳踏車修理工**在接下來的二十年間會遭到自動化的或然率，他們的機器學習分類器說是九四%。但我可以向各位保證，屆時連這份工作的小地方會自動化的機率都近乎於零。

這樣的誤差凸顯出他們的研究有些限制。第一，腳踏車是修理起來困難又繁瑣的東西，並且有很多非標準零件。第二，以機器人來取代腳踏車修理工在經濟上並不可行。它不是高薪工作，而且所需要的機器人非常貴。第三，擔任腳踏車修理工是社交工作，他們要跟顧客對談，把最新的配件賣給他們，針對騎車的好去處來提供情報，不只是在修理腳踏車。

佛雷和奧斯本尼所用的分類器並沒有考慮到，把工作自動化在經濟上可不可行。它只有考慮到在技術上可不可能。同樣地，他們的分類器並沒有去看，我們是不是有可能就是**偏好**由人類來擔任工作。而且有其他一大堆特性都會決定哪些工作會遭到自動化、哪些不會，在他們的資料裏卻付之闕如。

開飛機

佛雷和奧斯本尼的研究有另一項預測是，**民航機師**在接下來的二十年間會遭到自動化的或然率是五五%。這是滿有趣的預測，因為就技術的視角而言，這份工作現今有許多地方已經能自動化。確切來說，在大部分的時候，飛機已經是自動駕駛，也就是由電腦在開了（當降落沒那麼順利時，你就知道是由人類機師在掌控）。更有甚者，飛機是非常受到控管的環境，而這也使飛機會比好比說車子要容易自動化。

這個五五%的或然率指的是什麼，我並不清楚。它肯定不可能是所有的民航機師有五五%會在二十年後被電腦取代。確切來說，波音（Boeing）預測在那段時間裏，所需要的新機師將超過六十萬人。他們可能是基於本身的利益才這麼說，但這聽起來怎麼都不像是有風險的職業。隨著中國和印度所衍生的中產階級培養出對旅遊的愛好，對民航機師的需求也有增無減。而且自動化對這種需求似乎造成不了什麼衝擊。

我預計要經過二十年以上，電腦才會取代民航機師。身為旅客，我們喜歡的觀念是前面要有人；要是出了差錯，他也會性命不保。很可能要經過二十年以上，把機師晾在一邊才會變得為社會所接受。即使現今的事故大部分都是由機師的疏失所造成。

在幾年前，我登機時都想要前面那個人是髮色銀灰、看起來經驗老到的機師。有句話說，有老機師和大膽的機師，但沒有既老又大膽的機師。但如今我則會指望年輕的宅男，懂得要怎麼操作所有的螢幕。所以工作會變，它比較關乎的是使用電腦，而不是老派的飛行。但對人類機師的需求，似乎不大可能減少。

機器人模特兒

佛雷和奧斯本尼的研究有另一項預測是，時裝模特兒在接下來的二十年間，會遭到自動化的或然率是九八％。真的嗎？我們真的會在世界的伸展台上，用機器人來取代人類模特兒的臭臉、擺臀和冷傲嗎？

這又是聽來可疑。對於衣服穿上身會長得怎樣，我們想知道的不是機器人，而是人。我們嚮往要當的不是戴著昂貴手表的機器人，而是那位俊帥的男模。而且可別忘了一個技術上的障礙：機器人不會很快就穿上高跟鞋來走路。

有一個領域是人類模特兒會遭到取代，那就是虛擬世界。我們將能以數位方式來產出模特兒。這些數位模特兒會跟人類的同業區分不出來，而且會為了每天遠遠賺不到一萬美元而起床（譯按：改寫自超模琳達．伊凡葛莉絲塔〔Linda Evangelista〕的名言「我不會為了一天賺不到一萬美元而起床」）。

音樂產業預告了模特兒業可能的未來走向。數位音樂並沒有導致人類的樂手變少。確切來說，美國勞動部預測在接下來的十年間，對樂手的需求並不會減少，而是會緩慢增加。音樂產業轉向了類比世界。有很多樂手現在靠演唱會表演所賺的錢多過了唱片，我們很重視體驗，對音樂偶像要親耳聆賞。同樣地，我們可以預期模特兒業會是續存職業，但會變得比較著重於表演。而且連時裝攝影都將從人工轉向真人。美國勞動部預測在接下來的十年間，受雇擔任模特兒的人數既不會大減，也不會大增。

有風險的實際工作數

佛雷和奧斯本尼的分類器並沒有考慮到許多技術、經濟和社會變項，不令人訝異的是，他們的分類器預測低薪工作會有自動化風險，但把它們自動化在經濟上並不可行。連假定我們真的把他們的模型加以延伸，以考慮到這些和其他許多的重要因素，他們所預測四七％的工作會有自動化風險，也不會轉化成四七％的失業率。有很多新工作將由科技創造出來，並且有其他因素需要考慮，像是人口結構的變化。

在科技史上，新科技所創造的工作比所毀掉的要多。在工業革命前，大部分的人都是務農或當工匠。這些工作有很多都變得機械化。但在辦公室和工廠裏，則有很多其他的新工作創造出來。同樣地，我們可以預期，人工智慧把舊工作自動化時，也將創造出新工作。

啟示在於，任何人在預測有自動化風險的工作數時，本來就會不確定，對就業水準的衝擊也是。所有的工作將有四七％遭到自動化淘汰，這非常不可能。真相是，沒人說得準對就業會有什麼淨效應。

我們所知道的事

證據顯示，有些工作正開始遭到自動化，而且其中有些工作並不是被別處的工作所取代。麻省理工學院在二〇一七年的研究分析了從一九九三到二〇〇七年間，自動化對美國的衝擊。它發現總體來說，工業機器人是縮減了工作。

平均來看，每具新機器人約莫是取代了五・六位勞工。而且在其他職業中，並沒有觀察到補償性的得利。事實上，研究中估計，在每一千位勞工當中每多一具機器人，美國的總就業人口就會縮減〇・三四%。

自動化也對續存的工作造成了壓力。在每一千位勞工當中每多一具機器人，工資就會縮減〇・五%。在研究的十四年期間當中，美國的工業機器人數目變成了四倍，他們估計所消滅的工作則約莫是五十萬份。

在挑戰的規模上，石油業提供了可供參考的個案研究。油價從二〇一四年八月的每桶一百一十五美元，跌到二〇一六年開年的不到三十美元。這促使了產業縮編，並導入更多自動化。全球的石油業將近有五十萬份工作消失。但到了現在，隨著油價反彈和產業再度成長，這些工作回來的卻不到一半。自動化把油井一般會雇用的二十人縮減到了區區五人。

開放式與封閉式工作

自動化不會把某些工作消滅掉，有一個原因是在某些情況下，它只會讓我們把那份特定的工作做得更多。區分出「開放式」和「封閉式」工作在這方面會很有用。自動化十之八九會擴增開放式工作，而取代掉封閉式工作。

封閉式工作是指有固定業務量的工作。例如**窗戶清洗工**就是封閉式工作。在這個星球上，要清洗的窗戶只有固定的數目。在二〇一七年德國漢諾威電腦展（CeBIT）的活動中，我看到了清洗窗戶機器人的若干原型。一旦機器人能清洗窗戶（而且這天不遠了），人類窗戶清洗工的工作就會消失。至少這份工作會從已開發國家消失，而人類窗戶清洗工則是工資貴又容易摔下來的工作。

同樣地，**腳踏車修理工**也是封閉式工作。針對這份工作很可能會遭到自動化，我已經提過一些質疑。但即使如此，要修理的腳踏車也不會突然就多出很多來。

相較之下，開放式工作則會隨著它遭到自動化而擴展。舉例來說，**化學家**就是開放式工作。假如你是化學家，有工具來把工作自動化只會有助於你把化學做得更多。你在為了解化學來拓展新局時，也能變快這麼多。你不大可能把有待了解的新化學都找完。

當然，大部分的工作既不是完全開放式，也不是完全封閉式。以法律行業為例，隨著電腦接管愈來愈多的例行法律業務，徵詢法律的費用就會降低。這將為律師擴展市場，產生更多需求，並為大家提供更好的法律諮詢管道。最有可能的是，它將為有經驗的律師帶來更多業務。但要是說初階的法律工作還是會有很多，那就很難想像了。年輕畢業生可能會變得更難與機器人律師競爭，因為它們讀遍了法律文獻，從來不需要睡覺，從來不犯錯，而且不需要薪水。

只有部分自動化的工作

對於有四七%的工作遭到自動化，為什麼不會轉化成大量失業，有人提過一項主張是，這四七%的工作只有**某些部分**會遭到自動化。我並不認同這項主張。假如你把工作的某幾個部分自動化，那通常就能用較少的人力來做同樣的事。

再次試想律師的工作。更仔細去分析律師在業務的不同地方所花的時間，就會看出對於在不久的將來可能會遭到自動化的差事，他們約莫只有花四分之一的時間在做。[2] 暫且不要管在比較遙遠的將來，續存的差事有多少可能會遭到自動化。除非我們創造出更多的法律業務，否則如此一來，目前的法律業務由現今四分之三的律師就做得了。律師可能會去精進實力，並用所得到的額外時間來從事品質更好的業務。但有些律師事務所則會直接降價四分之三，並裁減四分之一的人員來彌補縮減的收入。

工作只有部分會遭到自動化，這項主張甚至讓人描述，有一項工作似乎最有自動化風險，事實上卻很安全。它主張貨車司機不需要擔心，因為總會有邊緣案例把機器給打敗。貨車抵達某些工程作業時，要靠道路工作人員來向貨車打手勢。當工廠不在衛星定位系統的地圖上時，貨車開到附近就需要找路。對於這類的處境，自駕貨車根本就應付不了。

貨車司機的壞消息是，這忽略了遠端駕駛。星空機器人（Starsky Robotics）之類的公司已經在測試自駕貨車，當機器應付不了時，就由遠端司機來接手。這樣的遠端司機一位就能照顧多輛自駕貨車。所以到了以後，我們可能會由人類在遠端來開貨車，但司機還是會比現在少得多。

減少工作

有四七%遭到自動化卻不會轉化成四七%失業的另一個原因是，我們可能會一個星期只工作較短的時間。在工業革命期間，情況就是如此。在此之前，有很多人都是在日出時醒來，出門去田裏工作到日落，然後就寢。有很多人都是每週工作約莫六十個小時。工業革命後，大多數人的工作則縮減到每週約莫四十小時。而且有些人甚至一年會有數週的休假。

人工智慧革命也可能發生同樣的情況。我們可能會把工作日縮短。或者我們可能會有三或四天的週末。但這有賴於把一些在生產力提高後所產生的財富給分享出去，而這種財富分享正開始發生的證據卻鮮少看到。確切來說，證據所顯示的儼然是相反。在已開發國家，多數勞工的工資成長都停滯不前，或是跟不上我們現在所遇到的有限通膨。

有一派主張是，我們可能會有本錢來減少工作。人工智慧會壓低許多基本必需品的價格，更有效率的機器會使許多的生活必備品更便宜，所以我們不見得需要靠工資成長來減少工作。起碼在理論上來說，我們過起日子來可能會比較省錢。

重視所有的工作

除了減少工作，對於已經有人在做的工作，我們也可能會付更多的錢給他們。在我們的社群裏，有很多人在照顧年長的親人、帶小孩和當志工。這全都是對社會至關重要的工作，卻常常不支薪。隨著社會成長到較為富有，我們應該要設法在這樣的工作上補償眾人，對它更加重視。有很多人是透過本身所做的支薪工作來獲得社會地位。我們自認是社群裏勤奮工作、有繳稅、有貢獻的一分子。我們需要尊敬那些做這種不支薪工作的人，它對維持社會順暢運行至關重要。

這反映出了更廣泛的問題。我們有很多應該要更加重視的支薪和不支薪工作，諸如老師、護理師、男警和女警、消防隊員，以及其他許多不可或缺的人。假如我們加以選擇，人工智慧所帶來的績效獎金，可能會以表彰和獎賞這類角色的方式來發放。

老化的星球

我們還必須考慮到人口結構的變化。舉例來說，在許多已開發國家，新生兒變少了，而且民眾活得更久了。後果就是退休年齡在拉高，但一般來說並沒有像預期壽命上升得這麼多。

我的同事羅尼・布魯克斯（Rodney Brooks）是最著名的機器人學家之一，他說他對於科技性失業並不擔心。事實上，他所相信的正好相反。他估計機器人只會及時抵達，而幫我們免除掉這樣困境。倘若沒有機器人，從事這些工作的人們退休時，所有的工作就會沒有多餘的人力來做。

日本是這波改變的中心地區之一。日本人有這個星球上數一數二長的預期壽命，而且日本公司正大舉投資來建造照護機器人。對於用機器人來照護長者的觀念，日本社會似乎格外歡迎，而且世界上的其他地方或許終將追隨它的腳步。假如布魯克斯說得對，我們可能會別無選擇。但假定有，這些不會是我們想要保留給人類的工作嗎？我們真的想要在年老時由機器人來照顧嗎？

贏家和輸家

在衝擊不同的群體上，科技十之八九會有所不同，而且人工智慧無疑將遵照這樣的型態。有的群體會得利，有的會受害。所以說，贏家和輸家會是誰？

有一個看起來注定會成為輸家的群體是，沒有受過高等教育的二十多歲男性。在二〇一五年時，以二十一到三十歲之間沒有大學學位的美國男性來說，有二二%在之前的十二個月當中完全沒有工作過。這層人口結構以往都是勞動力的主力。他們是美國最可靠與工作最勤奮的勞工大軍。他們一踏出校門就會從事藍領工作，並一直工作到退休為止。如今則有超過五分之一沒有工作，而且有很多個案並沒有在求職。

沒有工作，這群人就比較不可能結婚、離家或參與政治。有很多人都窩在家裏，沉迷在虛擬世界中。在很多人向酒精和藥物尋求慰藉下，他們的死亡率也提高了。假如他們踏不上就業的階梯，會不會就永遠沒有像樣的工作？他們的未來看起來頗為黯淡。

男成一片

另一個會吃虧的群體是女性。對於這個問題，我們有個名稱叫：「男成一片」（sea of dudes）。這個名稱是由瑪格麗特．米契爾（Margaret Mitchell）在二〇一六年所發明，她當時是在微軟研究院（Microsoft Research）擔任人工智慧研究員，現在則是在谷歌。它所對映出的事實在於，人工智慧研究員只有約莫一成是女性。這種性別失衡對發展人工智慧的進展有害。有些根本問題不會得到應對，就是因為連基本疑問都不會有人提。醫療應用程式不該考慮到女性的生理期嗎？[3] 對於休過育嬰假的人，我們在徵才工具裏要怎樣才能消除對世人的偏見？

更普遍的是，所創造出的新工作有很多將牽涉到科技，因而使女性吃虧。假如科技工作的性別失衡依舊，那女性在贏得未來的新工作上就會居於劣勢。另一方面，在從事有自動化風險的工作上，男性或許會多於女性。在這兩個競爭因素中，關鍵因素會是哪個並不明朗。

目前未獲充分代表的大群體並非只有女性，在科技上，尤其是人工智慧研究，其他群體也普遍未獲充分代表，像是黑人和西語系民眾。這又是很可能會使一些努力爭取來的權利受到負面衝擊，像是種族平等。沒有多元的勞動力來建立人工智慧系統，就難以確保這些人工智慧系統會不帶偏見。

它沒有容易的解法。例如我們知道，性別失衡是從非常小的年紀就開始。女生在求學中開始選擇科目時，就不會選擇數學、自然或科技。但如果要走向比較沒有偏見的未來，體認到這些問題起碼是第一步。

開發中世界

最後一個可能會吃虧的群體非常大，那就是活在開發中世界的人。在已開發世界裏，我們藉由工業革命的好處改善了生活品質。但人工智慧革命的好處是否會流入開發中世界，則絲毫不明朗。

科技變革的獲利目前大部分都是流入大型科技公司，它們的財富並沒有與已開發世界的其他人共享得非常好，更遑論是開發中世界。在此同時，全球貧窮的度量衡有很多正在下探，各國內部和各國之間的不平等都在擴大。

全球化把已開發世界的許多工作，外包給開發中世界。客服中心搬到了印度和其他地方，生產轉移到了海外勞力比較便宜的地方，供應鏈變得遍及全球，這對開發中世界來說是好消息。

這些趨勢現在或許會開始逆轉了。人工智慧和機器人所帶來的效率改善，或許會把其中許多工作轉移回已開發世界的自動化工廠與辦公室。供應鏈將變得比較短（因此在面對氣候的干擾時就比較挺得住），交貨時間將縮短。這會不會剝奪掉開發中世界強盛的機會？已開發世界的工業化是伴隨著打造昂貴的基礎設施與體制，有人則希望開發中世界可以跳過。要是能直通電子郵件，郵政服務就沒必要建立了；要是能直達 5G，國內就不必布建寬頻了。

然而，光靠這點並不足以使開發中世界繁榮。強制大型的製藥公司為開發中世界的民眾，提供買得下手的藥品是場持久戰。這並非好兆頭，開發中世界所希望的是掌握智慧財產，使它能成為人工智慧的活躍生產者，而不只是消費者。

貨車和計程車司機

在已開發世界，煤礦場的金絲雀很可能會是司機。開計程車、貨車和配送車輛的人，八成會是人工智慧革命的首批重大受害者。在美國，受雇當司機的人達三百萬以上。在接下來的二十年間，他們的工作有很多看起來都有風險。特斯拉致力要讓旗下的車子在二〇一九年前全自駕（第五級〔Level 5〕），只不過必須說的是，特斯拉並未證明過，它非常善於趕上自訂的截止期限。富豪（Volvo）和福特（Ford）則雙雙宣布，在二〇二一年前，它們也要賣全自駕車。無人駕駛的全自駕車看起來近在眼前。

安全將是其中一個驅動因子（driver，此處是司機的雙關語）。汽車的發明使我們得到了個人移動性，可是代價巨大。二〇一六年，美國的道路上死了超過三萬七千人。同一年，澳洲的道路上死了超過一千人。這些死亡大約有九五%是司機的疏失所造成。說真的，人類是很拙劣的司機。我們會在喝醉時開車。我們會在疲勞時開車。我們會因為行動電話而分心。我們會違反道路規則。我們會在不應該時超車。我們會闖紅燈。在美國，你終其一生大約有百分之一的機率會在機動車輛的事故中喪命。[4] 車輛事故是美國青少年排名第一的死因，所造成的危險甚至比槍枝還大。人類司機愈早以可靠的電腦來取代愈好。從二〇六二年回顧，我們將驚愕於自己曾容忍道路上的殺戮。

另一個重大的驅動因子將是成本。以貨車來運輸貨物的成本約莫有四分之三是勞力成本。優步計程車最貴的地方就是司機。優步已經在試行無人駕駛計程車了。它是能讓公司像其他科技公司那樣擴張的唯一方式，就像是谷歌和臉書，進而為本身的龐大估值找到正當理由。

自駕的益處將令人驚豔。自駕貨車不需要休息，所以能以近四分之一的成本開兩倍遠的距離，這大概會提高八倍的生產力。人類司機根本就無法與此競爭。再過不了多久，開車就不會是我們花錢來請人執行的技能了。

對貨車司機來說，過渡期可能會相對無痛。在澳洲，開貨車是以比較年長的人為主力的行業：貨車司機的平均年齡是四十七歲。再過十年有很多人就會退休，他們的工作則會由自駕貨車扛下，畢竟年輕人根本不會想做這行。

對計程車司機來說，過渡期可能會比較快又痛。對絕大多數的人口來說，它會很棒，因為搭優步（Uber）的成本會大幅下降。但對優步司機來說，未來看起來就很黯淡了。有點諷刺的事實在於，擔任優步司機是這個星球上最新的工作之一，卻也可能會是最短命的之一。

我們將需要應付自駕車輛所有的二階效應（second-order effect；譯按：主要變動所引發的連帶效應）。當貨車司機再也不需要停車、吃東西和睡覺時，所有的貨車休息站會發生什麼事？假如自駕車兼個人辦公室，很多人會不會住得離職場更遠？這對郊區和鄉村地區的不動產價格會有什麼影響？汽車形塑了美國，自駕車輛很快就會對它重新定義了。

終身學習

要走在機器前面，有一個辦法就是在新科技發明之際學習新技能，有很多人會需要反覆自我改造，新科技將創造出新工作；但這些工作所要求的技能，有別於遭到取代的舊工作。學習將不是出了校門甚或大學就停頓下來的事，我們需要終身學習。

這有賴於教育體系的一些大幅變革。我們要怎麼支援已經成為勞動力的工作者，來學習新技能？我們要怎麼為學童培養能力，以便在人生的下半場學習新技能？雇主和政府，又可以如何支援在職學習？

人工智慧很可能既是問題，也是解答。人工智慧會造成讓人失業的問題，使他們必須再充實技能。但人工智慧也能幫助人學習，例如它能幫忙建構工具來支援個人化學習。

我們將需要考慮大改課程。未來最重要的技能並不在科技方面。特定的技術型技能很快就會被晾在一邊。偏「STEM的科目」（自然科學〔science〕、科技〔technology〕、工程〔engineering〕與數學〔mathematics〕的首字縮寫）必然不是解答。對電腦程式人員的需求只會有限；當人工智慧成功時，會由電腦本身寫程式。

人類反而需要強大的分析技能。他們需要情緒與社會智力。而且他們需要其他所有使我們之所以為人的特徵，像是創意、韌性、決心和好奇心。這些人類技能才會使我們走在機器前面。

新工作

所有的科技不但會毀掉工作，也會創造出新工作。過去的情況必然就是如此，而且我們也沒有理由假定未來就會變卦。不過，並沒有根本上的經濟定律規定說，所創造出的工作要跟毀掉的數目相同。在過去，所創造出的工作是比毀掉的要多，但它並非一定會這樣，這次可能會有所不同。

在工業革命期間，機器接管了人類所做的許多勞力活，但認知活還是全歸我們來管。這次隨著機器開始把許多認知活也扛下來，令人擔心的疑問便衍生而來：有什麼是歸我們人類管？

我有一位同事表示，新工作會有不少，像是**機器人修理工**。這完全說服不了我。幾位機器人修理工就取代了原本在汽車工廠裏烤漆與焊接的數千萬人。也沒有理由的是，機器人為什麼不能修理其他機器人。我們已經有工廠是由機器人在製造機器人。在沒有人所以不需要燈光的「關燈工廠」(dark factories）裏，機器是日夜運作來建造其他機器人。日本公司發那科（FANUC）是工業機器人的最大製造商之一，從二〇〇一年以來就在富士山附近經營關燈工廠，幫助發那科達到約六十億美元的年營業額，機器人則是賣進了中國等蓬勃市場。

我有另一位同事表示，我們會有機器人心理學家。我們真的很可能會需要為每具機器人配一位機器人心理學家嗎？機器人心理學頂多是由這個星球上的少數人來做，所以為機器人照顧心理健康的工作並不會有很多。對，新工作必定是來自人類所擅長的領域，或是我們特地選擇不使用機器的領域。

可是到二〇六二年時，機器很可能會是超人類，所以很難想像會有任何工作是人類依舊比機器優越，這代表所剩下的只會是我們偏好請人類員工來做的工作。對於這些工作，機器可能會在體能和認知上勝過我們，儘管如此，我們仍會選擇請人來做。

不想要的機器人

所以說，人工智慧革命將重新探索使我們之所以為人的事。它為什麼可能會被稱為二次文藝復興，另一個理由就在於此，我們將重新探索我們的人性。

嚴格來說，在二〇六二年，機器將成為令人驚嘆的藝術家。它將能寫出與莎士比亞的《馬克白》（*Macbeth*）不相上下的劇作，畫出跟畢卡索的《格爾尼卡》（*Guernica*）一樣令人目不暇給的作品。以及譜出跟艾瑞克．薩提（Erik Satie）的音樂一樣美的樂曲。但我們還是會偏好人類藝術家所產出的作品，這些作品將以人類的經驗為訴求。

我們會珍惜訴說愛的人類藝術家，因為這是我們所有人的共通點，沒有一台機器會像我們這樣真正體驗到愛。就算發展出了意識和情緒，機器也絕對體驗不到**人類**的愛。我們會重視訴說生死的人類藝術家，因為這樣的生死是唯我們所共有，或是訴說人類精神的人類藝術家，或是正義和公平競爭，或是**人類**經驗的其他任何一環。

不但是藝術，我們對手藝也會以新的眼光來珍惜。確切來說，我們已經能在文青文化中看到這點的開端。我們會愈來愈珍惜那些由**人**親手所製作的物品。量產、機器製作的商品會變得更便宜，手工製作的物品則會更稀有且日益有價值。

手藝的工作會有不少，釀造精釀啤酒、製作乳酪、有機葡萄酒或手塑陶器，這又是以共通的人類經驗為訴求。我們會渴求手刻的木碗，而不是比較便宜、比較完美的機器製碗。我們會記得木匠告訴我們的故事，製作碗的木頭是帶著狗在外面走過森林時所找到。而且我們會回想起，木匠的女兒就在他身邊學習古老的手藝。

身為社交動物，我們會日益珍惜及重視與其他人類的社交互動。咖啡師會日益在電腦控制的咖啡機上按鍵，使每次都泡出完美的咖啡，但我們要閒聊時，還是會排隊讓人類來為我們泡咖啡，為的是笑容和人類經驗。我們還是會偏好由人類銷售助理來幫我們挑禮服，由人類醫生來向我們宣布驗血後的壞消息，由人類酒保來替我們倒一杯威士忌並說句安慰的話，由人類教練來幫助我們健身，以及由人類法官在法庭上判刑。

在二〇六二年，最重要的人類特徵將是我們的社交與情緒智力，還有我們的藝術與手藝技能。它不會是目前所認為對找工作重要的STEM技能。諷刺的是，我們的**科技**未來將不在於科技，而在於**人性**。而且未來的工作會最有人味。

第五章
戰爭的末日

到了我和其他許多人格外害怕的二〇六二年時，有一種工作很可能會因為自動化而消失，那就是打仗。確切來說，取代人類打仗的事實已經開始發生了。為了發展出能取代人類上戰場的機器人，軍備競賽已然開打。媒體喜歡把它稱為「殺手機器人」，但專業說法是「致命自主武器」或簡稱為LAWs（lethal autonomous weapons）。

把它稱為殺手機器人的問題在於，這會使人聯想到《魔鬼終結者》（*Terminator*）的畫面，進而則是還遠在天邊的科技。但我與人工智慧領域相關人員所擔心的，並不是魔鬼終結者，而是簡單得多、頂多（或最差）不出十年就會有的科技。我所害怕的並不是聰明的人工智慧，而是笨的人工智慧，我們會讓不夠能幹的機器有權決定人類生死。

以無人機掠奪者（Predator）為例，這是半自主武器，在很多時候都能在無人的情況下自主飛行。不過，總體上還是有軍人在操控，這些人一般都是在內華達的貨櫃裏。而且很重要的是，決定要把一枚飛彈射出去的還是軍人。但要以電腦來取代那位軍人，在技術上就只是一小步。確切來說，在技術上已經有可能做到。[1] 而且一旦打造了這種簡單的自主武器，就會有軍備競賽來發展出愈來愈精密的版本。

在二十年後，假如致命自主武器司空見慣，而且沒有LAWs的相關法律，世界就會是大幅惡化的地方。這會是戰爭的可怕發展。但它並非不可避免。我們必須選擇要不要走上這條路，而且在接下來的幾年，就要選出要往哪條路走。

殺手機器人的誘惑

對軍方來說，自主武器的吸引力顯而易見。無人機掠奪者最弱的鏈結就是連回基地的無線電鏈結。確切來說，無線電一卡住，無人機就掛了。所以假如能讓無人機飛行、追蹤和鎖定全都自己來，所擁有的武器就會威猛得多。

全自駕無人機也讓人省掉了很多昂貴的無人機飛行員。美國空軍可以改名為美國無人機軍了。它有的無人機飛行員已經比其他任何一類飛機的飛行員要多；到二〇六二年時，它就不只是無人機飛行員比其他任何一類飛機的飛行員要多，而是無人機飛行員比其他所有飛機加在一起要多了。而且無人機飛行員固然不用為了戰鬥任務而拿命去冒險，但罹患創傷後壓力症候群（post-traumatic stress disorder，PTSD）的速度還是跟其餘的空軍飛行員類似。

自主武器具有其他許多作戰上的優點。它不需要撫恤或給薪，它會全年無休地戰鬥，它有超人類的準確度和反應力，它絕對不需要從戰場上撤離，它會嚴格服從每道命令，它不會犯下暴行或違反國際人道法，[2]它會是完美的軍人、水手和飛行員。

在戰略上，自主武器是軍事上的夢想。它允許軍隊擴張作戰，而不受人力束縛所阻撓。一位電腦程式人員就能指揮數百、甚至數千台自主武器，這將使戰爭工業化。自主武器將大大增加戰略上的選項。它將使人類不用涉險，並能扛下風險最大的任務，你可以稱它為戰爭四・〇。

現任俄羅斯總統普丁（Vladimir Putin）在二〇一七年九月的報導中說，誰在人工智慧上領先，誰就將統治世界。他預測未來會是由無人機來打仗：當一方的無人機遭到敵方的無人機摧毀時，它將別無選擇，只有投降一途。不過，這個軍事上的夢想到二〇六二年時為什麼將變成夢魘，原因有很多。

殺人機器的道德觀

首要原因在於，有強大的道德主張在反對殺手機器人。假如把某人該不該存活交給機器來決定，我們就是放棄了人性中不可或缺的部分。現今的機器肯定是沒有情緒、同情心或同理心，機器以後會適合來決定誰生誰死嗎？

戰爭是可怕的事。命會丟掉。人會受到暴力和恐怖的殘害，平民會遭到轟炸，人口會陷入驚恐。我們在戰時的行動方式是承平時期所不允許，我們允許這點有部分是因為軍人是賭上自己的命來做這些事。在那一刻，允許殺敵是因為攸關自己或他們的性命。

由於戰爭是可怕的事，所以在我看來，它不該是輕而易舉的事，它不該是我們輕而易舉且「當機立斷」就開打的事。假如歷史教會了我們一件事，那就是不流血戰爭的承諾已是而且很可能依舊將是幻想，戰爭必須一直保持為最終手段的選項。對於我們的子女返家時為什麼是裝在屍袋裏，政治人物需要給個正當理由。

在軍事科技史上，殺戮多半是變得愈來愈遠端。起初我們是直接開打，屬於肉搏戰。火藥讓我們往後退，並從遠距來射擊。飛機讓我們從高空攻擊。而像無人機這樣的科技現在則是讓我們在遠端殺人，在過程中再也不用拿自己的命來冒險。自主武器是使我們擺脫戰爭行為的終極步驟。殺戮將由機器一手包辦，而不是人，人類不會涉入其中；這會在根本上改變戰爭的本質。而且在這些改變下，我們為戰爭所找的道德藉口有很多將開始現出原形。

大規模毀滅性武器

除了道德主張，還有很多技術與法律上的理由讓我們該關切殺手機器人。在我看來，支持把這些武器禁絕掉的最強主張之一，就是它會為戰爭帶來革命。

戰爭的第一波革命是源自中國人發明了火藥。第二波是美國所創造出的核武降臨。這各自代表了我們能以何種速度和效率來殺戮的步伐轉換，致命自主武器將是第三波革命。

自主武器將是大規模毀滅武器。以往假如想要造成危害，你就需要軍人部隊，你必須說服這支部隊聽從你的命令，還要對他們加以訓練、撫養和給薪。現在只要靠一位電腦程式人員，就能控制數百、甚至數千台武器。一如對化學武器、生物武器和核子武器等其他每件大規模毀滅性武器，我們也需要把自主武器禁絕掉。[3]

在某些方面，致命自主武器比核子武器更麻煩。建造核子彈所要求的技術精密度很高。你需要國家級的資源，並取得核分裂物質。你需要有技能的物理學家和工程師。由於對這一切資源有所要求，核子武器才沒有大舉擴散。自主武器對此則毫無要求，只要把小型無人機撰寫程式為以神經網路來辨認、追蹤和鎖定任何高加索人的長相即可。這樣的人臉辨識軟體在現今許多的智慧手機裏都找得到。接著把幾克的高級炸藥搭載在無人機上。把一些現有的科技湊在一起，你就會得到簡單、不昂貴卻非常致命的自主武器。

假如把載有一萬台這種無人機的貨車開進紐約市，你就能發動與九一一事件不相上下的攻擊。你的武器甚至不需要非常準確。假定你的無人機只有十分之一發揮作用，你還是能在短短幾分鐘內就殺死上千人。要是準確度有五成，五千人就會瞬間喪命。[4]

建造像這樣的武器比製造自駕車要容易得多。就汽車而言，九九．九九%的可靠度可能會讓人無法接受，但就殺手無人機而言，這就綽綽有餘了。有很多車廠計畫在二〇二五年前推出全自駕車，所以預期軍火製造商在幾年的時間後就會發展出這樣的殺手無人機，並非不合理。

恐怖武器

像這樣的自主武器將是恐怖武器。你能想像被一票自駕無人機追逐會有多駭人嗎？它將落入恐怖分子和流氓國家的領導人之手，他們會毫不心軟地拿它來瞄準平民。LAWs將是鎮壓平民人口的理想武器。不像人類的是，自主武器會毫不猶豫地犯下暴行，甚至是集體屠殺。

有些人宣稱，機器人可以比人類的軍人還符合倫理。在我看來，這是支持自主武器最有趣也最棘手的主張。但它所忽略的事實在於，我們還不知道要怎麼建造會遵循國際人道法的自主武器。戰爭的規則要求你鎖定戰鬥人員，而不是平民；行動方式要與威脅相稱；當戰鬥人員投降或因傷而再也無法戰鬥時，要予以認可和尊重。我們還不知道要怎麼建造能區分出這種事的自主武器。

到二〇六二年時，我預計我們就會搞清楚要怎麼打造符合倫理的機器人。我們的生活中將充滿在行動時需要符合倫理的自主裝置。所以有朝一日，我們很可能會有能遵守國際人道法的LAWs。不過，我們阻止不了這樣的武器遭駭（hacked）之後，以不符合倫理的方式來行事。假如你能實際切入電腦系統，那幾乎必定就能駭入。而且有不少現成的壞分子，將把可能會設立的防護措施給攻破。

諷刺的是，有若干國家反對把致命自主武器給禁絕掉，包括英國在內，正是因為它違反了國際人道法。它們主張，因應類似的武器並不需要新的立法。歷史顯示，這樣的主張有其缺失。化學武器違反了國際人道法，尤其是一九二五年的《日內瓦議定書》（*Geneva Protocol*）。但在一九九三年時，《化學武器公約》（*Chemical Weapons Convention*）照樣生效，以更強力來監管這些武器。公約得到了英國簽署和批准，該國現在卻宣稱，有國際人道法來因應像LAWs這樣的新武器就夠了。

《化學武器公約》強化了國際法來禁止在戰爭中使用任何化武。它在海牙成立了禁止化學武器組織（Organization for the Prohibition of Chemical Weapons），以政府間的機構來監督化學武器的發展、生產、儲備和使用。如今化學武器在全球的宣告儲備量已銷毀九成以上。武器禁令對我們的安全和保障可以帶來正面的衝擊。

出錯武器

除了是恐怖武器，自主武器也會是出錯武器。就技術的視角而言，你最不想送機器人去的地方就是戰場。

讓機器人先在像汽車工廠這樣的地方亮相，是有挺好的理由。在工廠裏，你可以控管環境，你得決定每樣東西和每個人要去哪裏，你甚至可以把機器人關進籠子裏以保護旁人。戰場則是非常不同的環境，充滿了不確定和混亂，並不是你會想把有致死可能的機器人給送去的地方。

針對美國在興都庫什攻打塔利班和蓋達組織的軍事作戰，《攔截》（*The Intercept*）在二〇一六年十一月的調查指出，遭到無人機襲擊的亡者每十人就有近九人並不是預定目標。記住，這可是我們還靠人類來發號施令的時候，對處境的覺知目前是比任何機器都要優越。而且最後的生死是由那個人類來決定。身為科技人員，假如你要我以機器來取代人類擔任無人機飛行員，只要我們趕得上人類的表現，而且每十次出錯只會犯九次，那我就會很樂意。我怕我們會是幾乎次次都出錯。

這些武器的速度快了很多則加劇了出錯的可能性。即使是靠人類來發號施令，機器或許還是會太快行動，使人類無從介入並防止出錯。而且類似武器的系統或許會以出乎意料的方式來行事。跟股市很像的是，它或許會陷入出乎意料的反饋迴圈。但跟股市不像的是，結果會致於死；我們最後甚至或許會打成無意要打的「閃電戰」。

出錯會產生額外的問題：「問責缺口」（accountability gap）。當致命自主武器犯錯時，要由誰來負責？要由誰來接受軍法審判？戰爭犯罪在海牙要對誰來起訴？當武器運用「機器學習」來學習要怎麼辨認和追蹤目標時，問責缺口就會特別大。在這種情況下，武器的行為其實不是靠製造商來寫程式。武器是自行學習。而它會學到什麼，則端賴於它看到了什麼資料。

更糟的還有，軍方會很想讓武器持續在戰場上學習。不這樣的話，敵方很快就會設法來擾亂趨於固定的程式。為了防止這點，不管敵人做什麼，他們都會想要自主武器去適應戰場，就跟人類的軍人一樣。但假如自主武器正在學習，果決的敵方就會想辦法訓練武器來化解威脅。他們或許甚至能訓練它來攻擊本身的操作者。如此一來，它出錯了要由誰來負責？

地緣穩定

在戰略層級上，ＬＡＷs所構成的威脅也可能會使目前像南北韓那樣的對峙不穩定。一票小型、鬼祟的自駕無人機在現今會非常難防。它所構成的威脅或許會使一方很想發動突擊。而害怕這樣的突擊還有無力反制，或許就會為使用更強的武力減少阻礙，甚至可能是核子武器。

因此，ＬＡＷｓ很容易打亂目前的軍事平衡。在維持龐大的奪命部隊上，你再也不需要是經濟上的超級強權。只要有像樣的銀行存款餘額，你就會有強大的自主武器部隊。它將是未來的卡拉什尼科夫（Kalashnikov；譯按：製造 AK-47 的俄國軍火商）。不像核子武器的是，它會既便宜又容易生產而且會流入全球的黑市。

這並不表示ＬＡＷｓ禁絕不了。化學武器既便宜又容易生產，但照樣禁絕了。而且我們並不需要靠自行發展自主武器來威嚇那些可能會把禁令視為無物的人，一如我們對核子武器可以說就需要這麼做。對於那些選擇把致命自主武器的國際條約視為無物的人，我們在軍事、經濟和外交上已經有不少可資採取的威嚇手段。

對軍備的呼籲

二〇一五年七月時，馬克斯．鐵馬克（Max Tegmark）、斯圖爾特．羅素（Stuart Russell）和我對這個領域的發展大感憂心，於是便請了一千位同事、鑽研人工智慧和機器人的研究人員簽署公開信，以呼籲聯合國禁絕攻擊型自主武器。信件是在國際人工智慧聯合大會（International Joint

Conference on Artificial Intelligence）這場主要的國際人工智慧大會開場時發表。[5]

一千個簽名似乎像是滿好的整數，並代表了人工智慧社群中的可觀比例。為了持平看待這個數字，大會本身所預計的代表約莫就是一千位。到第一天結束時，簽名數從一千倍增為兩千。而且在為期一個星期的大會期間，它繼續在迅速攀升。

信件得到了很大的回響，有部分是因為有些知名人士名列其中，像是霍金、馬斯克和喬姆斯基。但在我看來，更重要的是，它是由許多在人工智慧和機器人方面首屈一指的研究人員所簽署。他們是來自世界各地的大學還有商業實驗室，像是谷歌的DeepMind、臉書的人工智慧研究實驗室（AI Research Lab）和艾倫人工智慧研究所（Allen Institute for AI），這些可說是最了解科技及其侷限的人匯聚其中的單位。

對於我們的示警，聯合國注意到了。信件幫忙推展了非正式討論。而且才過了一年多，到二〇一六年十二月時，聯合國就在主要的裁減軍備大會上決定，要著手來正式討論該話題。政府專家小組（Group of Governmental Experts，GCE）是聯合國大會交辦來應對該議題的單位，它現在正對LAWs思索中。

假如各國能形成共識，我希望政府專家小組所提出的禁令是在「特定傳統武器公約」（Convention on Certain Conventional Weapons）之下，公約全名是「對可視為傷害性過大或具濫殺效果之特定傳統武器在使用上之禁止或限制公約」（The Convention on Prohibitions or Restrictions on the Use of Certain Conventional Weapons Which May Be Deemed to Be Excessively Injurious or to Have Indiscriminate Effects），外交人員直接稱為ＣＣＷ。ＣＣＷ是開放式條約，原本是用來禁絕地雷、詭雷、燃燒型武器和致盲型雷射。

軍備競賽

在公開信中，我們示警軍備競賽將把自主武器發展得愈來愈能幹。不幸的是，這樣的軍備競賽開打了。五角大廈在目前的預算裏編列了一百八十億美元來發展新類型武器，其中有很多即為自主型。而包括英國、俄羅斯、中國和以色列在內，其他國家也啟動了精密的計畫來發展自主武器。

隨便挑個戰場，空中、陸上、海面上或海面下，世界各地都有軍方在發展自主武器。你甚至可以主張，至少有一款自主武器已經在作戰了。那就是三星（Samsung）的SGR-A1衛哨機器人（SGR-A1 Sentry Guard Robot），已在守衛南北韓之間的非軍事區。

現在要踏進非軍事區，可沒有好理由了。它是世界上布雷最多的地方。但假如地雷沒殺死你，三星的機器人也會。它能自動辨認、鎖定並以自主機關槍來射殺任何踏進無人地帶的人。它在好幾公里外就有致死的準確度。

可能會被視為自主的作戰武器還有其他。我們可以把地雷和其他簡單的科技排除在外，因為它們不會決定要不要鎖定。但像部署在澳洲皇家海軍（Royal Australian Navy）和其他船艦上的方陣（Phalanx）反飛彈系統，這樣的武器就會自主行動。這是靠雷達控制槍來替船艦擋下打來的超音速飛彈。當飛彈從地平線外飛過來時，人類就沒時間反應了。反飛彈系統需要自主來辨認、追蹤和鎖定。

像這樣的防禦型武器沒什麼好令人擔心。它的作戰縱深備受束縛。它是為了在打仗時保護軍艦周圍的領空，只會鎖定以超音速移動的物體，它其實是在拯救人類的性命；包括我自己在內，大部分的人都不太會反對這種對自主的有限運用。

另一方面，能一次在戰場上盤旋好幾天的自駕無人機則麻煩多了。它的作戰範圍會大上許多，在時間和空間上都是。假如護衛艦隊來到它的下方，它就必須自行研判它是軍事護衛艦隊、救援護衛艦隊，還是婚禮。現今的機器並不能確實加以區分。

一如核子武器的發展，世界被綁在了不利的行動方針裏。我們不想要世上有殺手機器人，但假如敵人有，我們自己最好也要有一些，或者反對禁絕的人也會這麼主張。因此，我們寧可沒有的武器已開始形成了軍備競賽。

而且事實上，對於可能會以自主武器來攻擊我們的人，我們甚至不見得真的需要以自主武器來自我防衛。例如美國目前就在探討，以簡單許多的科技來防範遠端控制無人機，像是攔網和猛禽。

反對禁絕

為了反對把殺手機器人給禁絕掉，有人提過多項主張。在我看來，其中沒有一項禁得起仔細檢驗。

對禁絕反對最力的一點是，機器人在行事上會比人類的軍人還符合倫理。但一如我在前文中所主張，我們還不知道要怎麼打造符合倫理的機器人。而且對於在行事上符合倫理所必備的同情心和同理心，我們並不知道人工智慧以後會不會有。就算假定造得出能在行事上符合倫理的機器人，我們也不知道要怎麼打造出遭駭時不至於在行事上不符合倫理的機器人。

另一項主張是，使用機器人代表我們能使人類的軍人不用涉險。有些評論者誇張到主張說，因此我們有道德義務要使用機器人。這種看法最麻煩的地方，或許是它忽略了那些要面對殺手機器人的人。LAWs會加快我們能打敗對方的速度，因此會減少戰爭的阻礙。終究來說，這可能會導致死亡變多，而不是變少。

反對禁絕的第三點是，要定義「自主武器」是不可能的事，而連定義都沒辦法的東西，又怎麼有辦法禁絕？我認同自主難以定義。在人工智慧的學門裏，我們對這點習以為常。對於嘗試去定義人工智慧是什麼，大部分的研究人員都放棄了；我們只顧著去建造日益能幹的機器，我預期任何禁令都不會對「自主武器」加以定義，它只會列出沙子上有一條不該跨過去的線。在戰場上盤旋好幾天的全自駕無人機，很可能會是在線的禁絕側。但國際共識可能會是，類似於方陣反飛彈系統的防禦型自主武器，應該要在線的非禁絕側。隨著新科技興起，它的合法性將衍生出共識。

反對的第四點是，新的軍事科技只會使世界成為更安全和更不暴力的地方，因此我們應該要擁抱自主武器。在《人性中的良善天使》（*The Better Angels of Our Nature*）裏，史蒂芬．平克（Steven Pinker）就提過像這樣的主張，並常受到引用。[6] 平克令人心服口服地論證說，現今的世界是比歷史上之前的任何時候都要不暴力的地方，集體屠殺也較少。不過，平克所說的事與需要禁絕自主武器毫不相悖。只因為採行了國際人道法和新武器條約，新科技的毀滅衝擊才受到了遏止。確切來說，依照多數的看法，奧地利軍隊在一八四九年從氣球上對威尼斯投下的炸彈，是第一起的空中轟炸行動，進而促成了一八九九年的《海牙公約》（*Hague Convention*）把空中轟炸加以禁絕。一如其他的新科技，殺手機器人也需要以新的法律來限用。

第五，有些人反對的是，有別於其他成功禁絕過的科技，像是致盲型雷射，我們所談的是非常廣泛的性能，任何現有的武器幾乎都能添加，它就像是嘗試把用電給禁絕掉。更有甚者，現今有很多武器已具備了一些有限的自主形式，而且也不可能去檢查半自主武器是不是靠軟體升級而成了全自主武器。

這項主張誤解了軍備條約是如何運作。致盲型雷射並沒有查驗制度。並沒有警力來確保軍火公司不會建造反步兵地雷。假如違反屬實，人權觀察（Human Rights Watch）之類的非政府組織就會加以登載。頭條新聞會傳遍世界，以譴責此舉，聯合國會在討論時形成此項決議。而且不管多久遠，向海牙提告的威脅依舊會在。

這似乎就足以確保，軍備條約很少會有人違反。它確保了軍火公司不會販售遭到禁絕的武器，它不會在黑市現蹤，以及它不會落入恐怖分子之手。我們可以對自主武器抱持類似的期望。

步履蹣跚

聯合國在二〇一六年年底時決定，自主武器的政府專家小組在二〇一七年要開兩次會，第一次在八月，再來是十一月，就在ＣＣＷ的年會前。遺憾的是，雖然外交人員明知議題的進展有其急迫性，八月的會議卻取消了。

聯合國採用了新的會計規則，要求每場會議都要自行付費。而且有多國遲交了捐款，最引人注目的就是巴西。就我所知，巴西對於討論殺手機器人並沒有什麼特別的意見，它只是好幾年都沒繳費了。對於舉辦八月的會議，聯合國所需要的金額只有二十來萬美元。以目標是要使世界成為更好與更安全的地方來說，這是筆小錢，於是我便幫忙去找金主。

但聯合國很令人惋惜，他們拒絕接受這筆慈善捐款來支付八月的會議。他們說，聯合國只收政府的錢，卻似乎無視於泰德・透納（Ted Turner，譯按：美國有線新聞網〔Cable News Network，ＣＮＮ〕的創辦人）在一九九〇年代末就給過他們十億美元。因此，為了不到二十五萬美元的缺額，議題便懸而未論。

為了使這些延宕受到關注，我決定公開行動。當時公開出面反對自主武器的公司只有一家：加拿大業者克里帕斯機器人（Clearpath Robotics）。於是我串連了一百多家機器人與人工智慧公司的創辦人簽署第二封公開信，呼籲ＣＣＷ採取行動來反對殺手機器人。

國際人工智慧聯合大會這場主要的國際人工智慧大會在墨爾本舉行時，我們又是在開場來發表信件。很巧的是，大會就是在ＣＣＷ應該要召開第一場會議的二〇一七年八月那天展開。簽署第二封信的有DeepMind的兩位創辦人德米斯・哈薩比斯（Demis Hassabis）和穆斯塔法・蘇雷曼（Mustafa Suleyman），還有其他許多在人工智慧和機器人領域的知名人士。其他的簽署人包括兩位深度學習之父傑佛瑞・辛頓（Geoffrey Hinton）和約書亞・本吉奧（Yoshua Bengio），以及身分為OpenAI公司創辦人的馬斯克（Elon Musk）。

如同第一封信，這封新的信也成了傳遍世界的頭條新聞。它證實了業界和學界都支持對這些科技加以監管的構想。它還引用了頻頻重現在報刊上的講法：「這個潘朵拉的盒子一旦打開，想要關上可就難了。」

二〇一七年年底時，在軍備控管協會（Arms Control Association）當年的最具影響力裁減軍備貢獻競賽中，我和一百三十七位簽署信件的人工智慧和機器人公司創辦人獲選為年度風雲人物的第二名。實至名歸的第一名得主則是協商出聯合國禁止核子武器條約的外交人員。但令人高興的是，看到了自主武器的議題如此受到正視。[7]

連軍火公司都看得出禁絕的好處。英國航太系統（BAE Systems）是軍火的最大出口商之一，也是在為下一代自主系統建構原型的公司。在二〇一六年的世界經濟論壇（World Economic Forum）上，該公司的董事長約翰・卡爾（John Carr）主張，全自主武器會無法遵守戰爭法，因此他呼籲政府要加以監管。

壓力升高

到目前為止，呼籲聯合國禁絕致命自主武器的國家有二十三個，包括阿爾及利亞、阿根廷、奧地利、玻利維亞、巴西、智利、哥斯大黎加、古巴、厄瓜多、埃及、迦納、瓜地馬拉、羅馬教廷、伊拉克、墨西哥、尼加拉瓜、巴基斯坦、巴拿馬、祕魯、巴勒斯坦國、烏干達、委內瑞拉、辛巴威。此外，非洲聯盟也呼籲要禁絕於未然。最近則是中國呼籲要禁止使用（而不是發展和部署）全自主武器。

聯合國內支持禁絕的意見距離過半都還有一段路要走，更不用說是共識了。到目前為止，支持者的普遍是那些最有可能受到這類可怕武器危害的國家。不過，有個正在擴大的共識，則是任何個別的攻擊都需要「有意義的人為控管」。這有賴於使科技可以預料，使用國掌握相關的資訊，以及有可能做到及時的人為判斷與介入。

其他國家則開始面臨了行動的壓力。在二〇一七年十一月，就在自主武器的政府專家小組要在聯合國首次開會前，澳洲總理所收到的信中便呼籲澳洲，要成為下一個呼籲禁絕於未然的國家。信件是由澳洲各大學一百多位人工智慧和機器人領域的研究人員所簽署。為了要充分表達訴求，這封信是由我來執筆和串連。加拿大總理所收到的類似請願是由加拿大兩百多位人工智慧方面的研究人員所簽署；這次則是由我的同事怡安・柯爾（Ian Kerr）來串連，他在渥太華大學擔任加拿大倫理、法律暨科技研究講座教授。

澳洲的信中主張，致命自主武器缺乏有意義的人為控管，就是在清楚的道德界線上站錯了邊。對於禁絕這類武器的呼籲，它要求政府宣布支持。信中說道，「如此一來，我國政府在世界舞台上就能重拾過往在其他領域中所示範的道德領導地位，像是防止核子武器擴散。」加拿大的信中也表達了類似的見解。

隨著澳洲近來入選聯合國人權理事會（Human Rights Council），應對致命自主武器的議題對澳洲來說也更加迫切。自主武器在根本上屬於人權議題。身為人權理事會的特別報告員，教授克里斯托夫・海恩斯（Christof Heyns）率先呼籲聯合國在自主武器的議題上要有所應對，並在二〇一三年時主張，機器在生死大權上絕對不該凌駕人類。[8]

過去幾年來，人工智慧和機器人社群針對自主武器所發出的訊息清楚而一貫。我們示警了軍備競賽，而且現在就看得到軍備競賽在展開。我們也示警了把自主武器引進戰場在技術、法律和道德上的重大風險。一如氣候變遷，有幾派科學論調也是各持己見。有些人說，我們需要的是暫停，而不是禁絕。但絕大多數對於重大的危險都有所示警，並呼籲要禁絕於未然。

禁絕的替代方案

英國的立場是，全自主武器會違反現有的國際人道法，英國絕不會發展這類武器，以及這個議題並不需要以新的條約來因應。第一點說詞有部分是實情。不過關於第二點，我們就不敢保證了。過去連英國本身都暗中發展過化學和生物武器。歷史則反證了第三點。在上個世紀的從頭到尾，強化國際人道法都是新科技所必備。

英國為禁絕所提出的主要替代方案是所謂的第三十六條武器審查。《日內瓦公約》（*Geneva Conventions*）在一九七七年第一附加議定書中的第三十六條規定，對於新的戰爭武器、手段和方法，各國都要加以審查，以確保遵循國際人道法。而對於任何新的武器系統，英國都會做這樣的審查。

在我看來，第三十六條審查是無法令人滿意的替代方案，原因有好幾點。第一，武器審查並沒有公認的標準。我們如何能確保俄羅斯（所挑的國家並非全然出於隨機）在審查新的武器系統時會跟英國一樣嚴格？第二，任何武器系統都沒有曾通不過第三十六條審查的例子。這並不表示第三十六條審查真的有成功阻止任何科技上戰場。第三，目前只有幾個國家在實施第三十六條審查——都是有義務要發布結果的國家。

避免這樣的未來

我們正站在這個議題的十字路口。我們可以選擇什麼都不做，而任由軍火公司來發展及販售致命自主武器。這將把我們帶到非常危險的境地。或者我們可以大聲疾呼，並敦促聯合國採取行動。

學術界所發出的訊息很清楚。業界也是。而且依照我在世界各地談論此話題的經驗，絕大多數的公眾也是強烈支持禁絕。益普索（Ipsos；譯按：市場研究及調查機構）在二〇一七年對二十三國民眾的調查發現，在大部分的地區，絕大多數的受訪者都反對全自主武器。

過去對於大部分的武器，我們都必須見到它的用途後，才會去採取行動。我們必須觀察到化學武器在第一次世界大戰中的可怕效應後，才會去採取行動，並簽訂了一九二五年的《日內瓦議定書》。我們必須見到廣島和長崎的慘況，並經歷過好幾次有驚無險的冷戰後，才會去禁絕核子武器。[9]我們只有一個案例是在引進前就禁絕於未然，那就是致盲型雷射。

我所怕的是，我們必須見到致命自主武器的駭人衝擊後，才會鼓起勇氣去把它制訂為非法。不管怎樣，到二〇六二年時，由機器來決定誰生誰死一定會被視為在道德上無法接受。如此一來，我們或許就能幫自己免除掉走上這條可怕的道路。

第六章
人類價值的末日

科技變革可能會如何威脅到把社會凝聚在一起的核心人類價值，自主武器就是個例子。我們會體認到，人類共有一些基本權利，像是思想、良知與宗教自由的權利，我們會扶持老弱婦孺，我們會期待人人都獲得「公平的機會」，對男女都該一視同仁，種族或宗教不該是判定個人的準則。

沒完沒了的壞消息很容易讓人忘記，每天在全球各地都能見到很多善行。其中有大善行，像是家庭收養孤兒，醫生撥出時間到開發中國家為當地居民施以免費的白內障手術，腎臟捐贈者牽動起移植鏈；我們也別忘了小善行，有人煮飯給年長的鄰居吃，在遊民的杯子裏放張十美元的鈔票，陌生人在你絆到時拉你一把。

這樣的善界定了我們。我們成為這個星球上的稱霸地表物種，不只是因為我們最聰明，也是因為我們會合作。我們把自己組織成了家庭與其他的社會團體、城鎮、國家。網絡效應（network effects）和其他的規模經濟（economies of scale），則使我們對這個星球上的其他每個物種都具有龐大的優勢。

我們活在達爾文的演化定律外，靠的是一起合作。再也不是適者生存。確切來說，我們對保護弱者感到自豪。一九〇〇年時，死亡的兒童有三分之一不到五歲。如今則少於二十分之一。從一九九〇年以來，有超過十億人脫離了極度貧窮，預期壽命在過去三百年來翻了一倍。我們並不完美，但倒是常互相照顧。

然而，我們不能把我們的共有價值視為理所當然。社會正在日益裂解，民族主義和分離主義運動方興未艾，種族主義還是層出不窮，很多基本的人類價值正受到威脅。而且到二〇六二年時，人工智慧就可能有機會把情況變得更糟。屆時我們可能會把大量影響到生活的決定交給機器，而不管是否刻意為之，它們都不會共有我們的人類價值。

機器的偏見

假如你要谷歌翻譯把「She is a doctor」（她是醫生）轉換為土耳其文，然後把結果翻回成英文，你就會得到「He is a doctor」（他是醫生）。另一方面，假如你要谷歌翻譯把「He is a babysitter」（他是保母）轉換為土耳其文，然後把結果翻回成英文，你就會得到「She is a baby sitter」（她是保母）。土耳其文不分性別，所以「he」和「she」都會翻成同一個字：「o」。可是譯回英文時，谷歌就會透露出一些對醫生和保母的守舊成見。因此很難不令人擔心的是，機器可能會讓人類努力要克服的諸多偏見永世長存。

各位可能會想說，這些例子是不是經過我精挑細選，所以我要從谷歌翻譯中多列舉一些資料。記住，在土耳其文中，「o」可以指「he」或「she」。

土耳其文	英文
o bir aşçı	she is a cook（她是廚師）
o bir mühendis	he is an engineer（他是工程師）
o bir hemşire	she is a nurse（她是護理師）
o bir asker	he is a soldier（他是軍人）
o bir öğretmen	she is a teacher（她是老師）
o bir sekreter	he is a secretary（他是祕書）
o bir sevgili	she is a lover（她是情人）

土耳其文	英文
o sevildi	he is loved（他有人愛）
o evli	she is married（她結婚了）
o bekar	he is single（他是單身）
o mutsuz	she is unhappy（她不開心）
o mutlu	he is happy（他很開心）
o tembel	she is lazy（她很懶）
o çalışkan	he is hard working（他工作勤奮）

對於其他的翻譯服務，像是微軟翻譯，我可以同樣輕易就挑出毛病。而且我可以改用其他語言配對。例如在互譯德文和英文時，谷歌翻譯會把「the kindergarten teacher」（幼兒園老師）變成女性的「die Kindergärtnerin」，而把「the teacher」（老師）變成男性的「der Lehrer」。

這種性別歧視的原因在於，這些翻譯服務跟許多機器學習演算法很像，全都是以統計為基礎，而這些統計則是源自程式受過內含這種性別偏見的內容庫所訓練。「die Kindergärtnerin」這個詞發生得比男性的同義詞「der Kindergärtner」要頻繁，因此，它便把已經存在於書寫內容中的偏見給反映出來，但它卻是大部分並不想要在我們的社會裏生根的偏見。假如我們（或者應該說是谷歌和其他翻譯內容的科技公司）夠用心，就能把它消滅掉。

遭到列出的演算法偏見有很多其他的例子。例如卡內基美隆大學在二〇一五年的研究發現，谷歌針對男性所投放的較高薪廣告比針對女性的要多。[1] 我不像很多的評論員，對於這樣的偏見，我不會直接怪谷歌。眾所皆知，它來自廣告主的演算法可能不下於來自谷歌的搜尋引擎。但不管誰的演算法是偏見的來源，假如女性的薪水持續比男性低，它必定無助於戰勝性別歧視。

谷歌和臉書之類的大型科技公司在這方面必須肩負起某種責任。就算它們提供的這些服務有很多是免費，它們也有義務避免讓成見永世長存。科技公司所宣揚的迷思在於，演算法中不包含無意識的人為偏見，它是超然顯示出最佳的結果。這樣的謊話讓科技大廠規避了為本身的演算法負責，並為它們免除掉了解決問題的麻煩。

谷歌的研究主管彼得·諾維格（Peter Norvig）曾表示，人類確實是很拙劣的決策者。行為經濟學家發現，我們充滿了偏見，而且屢屢會行事不理性。假如一不小心，我們所建造出的機器就會跟自己一樣帶有偏見。事實上，現今的演算法常常比人類還糟。不像人類的是，有很多演算法並不能解釋自己是如何形成決策，它們是光給答案的黑盒子。對於人類，我總是可以問他為什麼會形成特定的決策。但對於現今大部分的人工智慧，我一定要接受它所給的答案。

不道德的COMPAS

假如我們沒有採取堅決的行動來加以限制，到了二〇六二年時，演算法的偏見將遍布各處。還有很多例子則證實了，它已經在挑戰我們的社會。我們來看一個美國的例子：北足尖（Northpointe）所發展出名為COMPAS的機器學習演算法。這是透過歷史資料來訓練，以算出遭到定罪的犯人會再度犯罪的或然率。

現在你就能用這樣的機器學習演算法來鎖定保護管束機關，並幫助最容易回籠的人遠離牢獄。我猜想，鮮少有人會不認同，這是在善用科技。它可能會使社會兼而成為更好與更安全的地方。但COMPAS並不是這樣使用。法官是要用它來幫忙決定判刑、保釋和保護管束。不用說，這就麻煩多了。程式真的能跟有經驗的法官做出同一種決定嗎？在決定某人的刑罰時，它能考慮到人類法官會去考慮的所有細微因素嗎？

暫且假定到二〇六二年時，我們就有電腦程式能考慮到所有這些細微因素，而且程式事實上比人類法官還準確。我們找得到正當理由來讓人類法官繼續決定判刑嗎？我們沒有道德義務要把這樣的決定交給優越的機器嗎？

這件事有個真正的爆點。調查機構ProPublica在二〇一六年的研究中發現，COMPAS對於黑人被告會再度犯罪的預測比實際上要來得頻繁。在此同時，它對於白人會再犯的預測則不如實際上來得頻繁。[2]於是因為程式有偏見，黑人遭到不當監禁很可能就會比白人來得久。會再犯的白人則很可能會獲釋而回到社會上。我非常懷疑北足尖的程式人員是有意讓COMPAS帶有種族偏見。但它就是有。

我們並不確知為什麼它有偏見。基於商業上的原因，北足尖拒絕透露COMPAS是如何運作的細節。這樣的遮掩心態本身就很麻煩。不過我們倒是知道，程式是透過歷史資料來訓練，而歷史資料很可能就帶有種族偏見。種族並不是輸入項目之一，但郵遞區號是。而在很多地方，這都是種族的良好替代指標。或許是警察到黑人鄰里巡邏得比較多，所以黑人比較有可能被抓到犯罪？或許是警員有種族偏見，而比較有可能對黑人攔查？或許是貧窮會引發很多犯罪，而在某些郵遞區號代表有較多窮人居住，我們等於只是在懲罰貧窮？

一旦辨認出像這樣的機器偏見，我們就能試著來消滅它。我們必須決定，讓機器學習程式的預測不帶種族偏見是什麼意思，然後確保它所受的訓練有避開這樣的偏見。只不過就算我們這麼做，該不該把這樣的決定交給機器仍有待商榷。剝奪人的自由，是社會最困難的決定之一。我們不該等閒視之。當我們把這樣的決定外包給機器時，就是交出了人性中的重要部分。

儘管COMPAS惡名遠播，但它的錯誤似乎注定會重複上演。二〇一七年時，英格蘭東北部的警方開始運用機器學習，來幫忙決定要不要拘留嫌犯。危害評估風險工具（Harm Assessment Risk Tool）是利用警方紀錄中的資料，還有嫌犯前科和經過挑選的人口結構資訊來評估，假如獲釋的話，嫌犯再度犯罪的可能性有多高，而郵遞區號又是用來形成預測的眾多因素之一。

有其他若干的相關情形也在運用演算法。從二〇一〇年起，美國賓州保護管束假釋局（Pennsylvania Board of Probation and Parole）就在使用機器學習預報，來幫忙通告它的下達假釋決定。倫敦的都會警察廳（Metropolitan Police）是用埃森哲（Accenture）所開發的軟體來預測，哪些幫派成員最有可能從事暴力犯罪。包括加州、華盛頓州、南卡羅萊納州、亞利桑那州、田納西州和伊利諾州在內，美國有多州的警察局則是用軟體來預測，什麼地方和什麼時候最有可能會出現犯罪。在所有這些案例中，所使用的程式是否帶有偏見都沒有受到監督。

演算法歧視

如我們所見，演算法的決定可能會帶有偏見的一個原因在於，它是拿帶有偏見的資料來訓練。COMPAS程式所受的訓練是要預測誰會再犯，但卻不是拿有哪些犯人實際再犯過的相關資料來訓練。我們並不曉得誰會再犯，有些人會再犯但不會被抓到；我們所知道的只有遭到逮捕和定罪的犯人。因此，訓練資料裏或許就會含有種族和其他偏見，並反映在程式的預測上。

麻省理工學院媒體實驗室（MTI Media Lab）的研究所研究員喬依・布奧拉姆維尼（Joy

Buolamwini）創立了演算法正義聯盟（Algorithmic Justice League），來挑戰決策軟體的這種偏見。身為黑人的她發現，電腦視覺演算法在辨認她時很吃力；為了受到辨識，她甚至出招戴上了白色面具。她把帶有偏見的資料，列為這個問題的來源：

在人臉辨識的社群內，你有專門針對各種演算法來顯示效能的基準資料集，使你能加以比對。有個假設是，假如在基準上表現良好，那在總體上就會表現良好。但我們卻沒有質疑過基準的代表性，所以假如我們在那個基準上表現良好，我們就會給自己錯誤的進步觀。現在來看，它似乎非常顯而易見，但在研究實驗室的工作上，我明白你要做「現場測試」，要很快把這拼湊在一起，有截止期限，我能理解這些扭曲為什麼會發生。蒐集資料不是件容易的事，尤其是多元的資料。[3]

人臉辨識所使用的最大基準之一，是二〇〇七年所發布可公開取得的人臉辨識資料集「Labelled Faces in the Wild」（LFW），內含一萬三千多張從網路新聞報導中所蒐集來的人臉圖像。在反映出所發布的時間下，最常見的臉就是小布希（George W. Bush）。資料集有七七．五%是男性，八三．五%是白人。非常顯而易見的是，出現在新聞裏的人並不能代表較為廣大的人口。

不過在電腦視覺的社群內，有的所使用的圖像集就比較多元了。舉例來說，在二〇一三年所發布的「10k US Adult Faces Database」(萬張美國成人臉部資料庫)含有一萬零一百六十八張臉,在設計上完全符合美國的人口結構分布(所根據的變項像是年齡、種族和性別)。臉書則有數十億張照片可供它的 DeepFace 研究之用:因為註冊臉書的人幾乎個個都會上傳照片。臉書真的是非常大本的「臉書」。所以缺乏多元的訓練集是否抑制了人臉辨識,這絲毫不明朗。

還有一個簡單的因素或許會導致這樣的偏見持續下去。而且對許多好心的自由派來說,它或許比較棘手一點。有事關人類的證據是,比起來自本身所屬族群外的人,人去辨認來自本身所屬族群內的人會強得多,這稱為跨種族效應,不同的年齡群內部和之間也有類似的效應。所以人臉辨識軟體有可能正在複製這點,有一個可能的解決之道是,針對不同的種族群和不同的年齡群來訓練相異的人臉辨識演算法。

語音辨識就有個相關的現象。如果要讓男性和女性的聲音都達到良好的準確度,你就需要不同的軟體。所以同理可證,人臉辨識的種族偏見不見得是因為資料有偏見,而只是因為我們需要用不同的程式來辨識不同的臉。

大猩猩之戰

有鑑於人臉辨識就是在辨識人類的臉部特徵,或許並不令人訝異的是,人臉辨識特別容易遭到種族主義的指控。二〇一五年時，傑基·阿希內（Jacky Alciné）發現，谷歌相簿把他和女友的照片標注為大猩猩。他的推文簡潔扼要地描述了這個疏失：

谷歌相簿，你們太過分了，我朋友並不是大猩猩。

由於問題沒有容易的解法，谷歌便直接把「大猩猩」的標註整個拿掉。有很多觀察家表示，問題是出在資料帶有偏見。我們不曉得谷歌相簿是用了什麼資料來訓練，但問題或許只是出在人工智慧程式很死板，尤其是神經網絡，會以人類所不會的方式出紕漏。

谷歌相簿有時候也會把白人標註為「海豹」。但這並不像把黑人標注為「大猩猩」那樣引人反感。你我在標示照片時，都了解把黑人誤標為大猩猩會讓人大為反感。但人工智慧程式並沒有這樣的常識。我們則心裏有數，這樣的標示是種族主義的行為。確切來說，它們沒有常識可言。對令人反感也沒有任何概念。

這對映出了人工與人類智慧的一項根本差異。我們人類在差事上的表現，十之八九會隨著差事改變而優雅降格。但人工智慧系統常會以災難性的方式出紕漏。隨著我們把更多的決定交給機器，這也是要記住的重要事項。尤其是在攸關性命時，我們需要高度覺察人工智慧可能會以有別於人類的方式失靈，而且影響常常是更為劇烈。

蓄意的偏見

演算法有不少例子是蓄意設計成帶有偏見；二〇一二年時，《華爾街日報》（*Wall Street Journal*）發現，旅遊網站 Orbitz 對 Mac 用戶所提供的飯店比對用 Windows 的人要貴。[4] Orbitz 聲稱，他們並沒有把同樣的客房以不同的價格顯示給兩個不同的用戶看，但我們在這點上只聽到了公司的說詞。無論如何，Orbitz 都比較可能是對 Mac 用戶提供升等的客房或套房，對 Windows 用戶則只有基本客房。Orbitz 甚至大言不慚地表示，它是在迎合顧客的需求，因為 Mac 用戶每晚所花的錢，比 Windows 用戶約多三成。

沒什麼阻止得了動態定價愈演愈烈，而且同樣的飯店客房正以不同的價格提供給不同的用戶。我就見識過不少次的情況是，當我是「黃金會員」時，赫茲（Hertz）所提供的費率便比我嘗試以散客的身分去預訂同樣的車子時要來得貴。在大街上，我們很習慣人人所拿到的價錢都類似。當一模一樣的商品或服務對某些群體收費較高時，它就會傷害到我們的公平競爭意識。

動態定價似乎不見得公平，但在大部分的國家都合法，只要所訂出的價錢不是以種族、宗教、國籍或性別為準，而且不違反當地的反托拉斯法。網路市場為零售業者所提供的動態定價機會則是多了很多。而且靠著找出儼然會把我們不同的價格敏感度給暴露出來的特性，像是我們所用的作業系統，網路零售業者很可能就會增加獲利。

但我們不必忍受這點。我們可以直接要求，所有的網路消費者都要拿到一樣的價錢。我們有各種市場已對價格歧視設限。舉例來說，歐洲法院在二〇一二年時裁定，保險公司不能對男女保戶收取不同的保費。因此在歐盟，車險、健康險和壽險的保費便不再看保戶的性別。

諷刺的是，以性別為準的歧視在保險的保費上卻有待論證。女性駕駛十之八九比男性安全，而且女性十之八九活得比男性久。這代表車險和壽險公司對男性花的錢比對女性要多。就理性而言，我們應該要對他們多收費才對。女性為什麼該補貼男性的危險駕駛？這只會鼓勵男性繼續更危險地駕駛。

在壽險上，對男性保戶收費多過女性保戶或許就比較不合理了。大多數男性的性別都不是靠選擇而來。另一方面，男性的生活形態和行為模式以及遺傳，使男性死得比女性早。以電腦的作業系統為準來歧視人就更加令人質疑了。或許我們該決定立法來禁止這樣的定價？

終究來說，把價格歧視做到極端會摧毀掉買保險的價值。保險的重點是要把風險分散到較廣大的人口身上，以藉此保護個人。價格歧視則是把這層風險回推到個人。社會接受讓許多人的保費比較高一點，好讓我們能保障比較不幸的人。我們該不該讓科技把這樣的團結給摧毀掉？

違法偏見

演算法帶有違法蓄意偏見的例子也正在現形。舉例來說，在二〇一五年時，有人發現福斯汽車（Volkswagen）對旗下的柴油車套用了精密的軟體演算法，使它只有在正式的檢測程序中才會開啟全套的排放控制。這誤導了氮氧化物的排放，使引擎儼然沒有實際上那麼汙染。福斯汽車現在所面臨的罰鍰和其他罰款超過了三百億美元。

另一個現形的例子則是在二〇一七年時，有人發現優步違法使用旗下的「灰球」(greyball）軟體來幫忙阻撓政府監管。藉由對政府機關、與政府官員有關的信用卡資訊以及社群媒體設下地理圍欄，優步試著防止它的應用程式遭到政府官員使用。

這兩個例子都牽涉到車子，這件事應該要讓我們暫停下來。在為載運轉型的競賽中，為了發展自駕車輛、電動汽車和貨車還有新的運輸模式，我們可以預期還有很多運輸公司會很想用演算法來違法行動。它攸關了數兆美元，所以潛在報酬巨大。而且我們並沒有設什麼防護措施來防止它發生。

什麼是公平？

在把決定交給演算法時，我們必須把「什麼是公平？」講得更明確。電腦在解讀指令時，絕對是一板一眼，因而常會令人氣餒。所以假如要指示電腦公平去行動，我們就必須把究竟怎樣才算是公平講得非常精準。

我們回到COMPAS程式上。但為了使種族在討論中沒那麼熱，我們來問問，要讓像這樣的程式對男女公平是什麼意思。司法應該要超然，而且任何像這樣的程式都應該在性別上超然。但這究竟是什麼意思？

有好幾類不同的公平可讓我們試著寫進程式裏。公平有一道簡單的度量衡是，預測會再犯的男性百分比，應該要跟預測會再犯的女性百分比一樣。但這太粗糙了。女性可能會比男性少犯罪，因而導致我們羈押無辜的女性或釋放危險的男性，只為了確保男女獲得假釋的百分比一樣。

在公平上比較好的度量衡是，程式對男女的總體準確度要一模一樣。這代表人員遭到不正確分類的百分比應該要男女都一樣。假如女性遭到錯誤分類的百分比較高，尤其是有較多遭到錯誤分類為很可能會再犯時，女性自然會很火大。

以總體準確度來度量公平的問題在於，正確預測出那些會再犯的人，或許比正確預測出那些不會再犯的人要來得重要。放走會再犯的人或許比放走不會再犯的人要來得「吃虧」。我們把兩群人混為一談，便是假定他們同樣重要。它也違背了布萊克斯通比率（Blackstone's ratio），亦即政府和法院應該寧可失之無辜。在他十七世紀的鉅作《英格蘭法釋評》（*Commentaries on the Laws of England*）裏，威廉・布萊克斯通（William Blackstone）提出：「十個有罪的人逃走，好過一個無辜的人受苦。」

公平的第三道度量衡，是把這兩群人給分開。我們可能會要求，男性的假陽性率和假陰性率要跟女性一樣。假陰性率是指，預測不會再犯的人有幾分之幾卻再犯了。而假陽性率是指，預測會再犯的人有幾分之幾卻沒有再犯。假如女性的假陽性率比男性高，因而使遭到錯誤監禁的女性較多，女性自然會很火大。假陰性對社會的損害或許又是比假陽性要大。因此，我們或許會希望對降低假陰性率賦予較大的權重。

公平的第四道度量衡是把預測的大餅反向切割。我們可能會要求，在失敗和成功的預測錯誤率上，男女要一樣。失敗的預測錯誤率是指，預測不會再犯的人有幾分之幾實際上卻再犯了。失敗的預測錯誤率，則是把預測不會再犯卻再犯的人數除以預測不會再犯的人數。相較於此，假陰性率則是把預測不會再犯卻再犯的人數除以再犯的總人數。

同樣地，成功的預測錯誤率是指，預測會再犯的人有幾分之幾卻沒有再犯。成功的預測錯誤率是把預測會再犯卻沒有再犯的人數除以預測會再犯的人數。相較於此，假陽性率則是把預測會再犯卻沒有再犯的人數除以沒有再犯的總人數。假如女性在成功的預測錯誤率上比男性高，因而使遭到錯誤監禁的女性較多，女性也會很火大。對社會來說，失敗的預測錯誤率或許又是比成功的預測錯誤率重要，因為把會再犯的人放到社會上或許比把不會再犯的人關在牢裏要來得「吃虧」。遭到不當羈押的人不見得會認同，但我們總是必須在他們的自由與更廣大社會的安全上取得平衡。因此，我們或許會想要對兩種錯誤率有差別待遇。

我們可以對公平採用其他度量衡，像是假陽性對假陰性的比率，或是對「相似」的個人一視同仁。但這對我們的討論並不重要。重點在於，**公平可以指很多不同的事**。它沒有一個簡單的定義。確切來說，社會上常會不停去討論，在某種脈絡下該尋求哪種公平才對。而且要是沒有這樣討論，常常就是該要討論了。在把這些事的決定權交給機器時，我們需要仔細思考的是，在特定的情形中，我們想要的公平指的是什麼。

透明

機器的決定也極需透明。我們要機器不只是形成公平的決定，在形成這些決定時還要透明，好讓我們對它的公平有把握。對現今的人工智慧系統來說，這是一大挑戰。深度學習之類的流行做法所產出的系統，並不能以任何有意義的方式來解釋本身的決定。決定常常是訓練下的產物，用於訓練機器學習所用的資料，則是比人類一輩子所能看過的都要多。

當然，人類普遍來說也不是非常透明。而且我們是出了名地會在事後為自己的決定來「發明」解釋。但其中有個根本上的差異，我們可以拿人類的決定來對他究責。假如我的決定格外糟糕而導致了某人喪命，我就會面臨殺人罪的指控；然而，對機器則沒辦法以類似的方式來問責。因此，機器要能解釋本身的決策就更顯重要了。

透明將有助於為系統帶來信任感。假如醫療應用程式推薦你需要某種危險的化療，大部分的人都會偏好透明的系統，以便能解釋它是如何判定你得了癌症，以及化療為什麼是最佳的行動方針；透明也將有助於系統在犯錯時調校。

當然，在有的領域中，透明可能是種奢侈。我們不見得會堅持要核電廠的控管軟體解釋說，它為什麼要把反應爐關閉。假如它代表能避免造成災難的爐心熔毀風險，我們八成就會接受暫時停電的不便。

誰的價值？

一旦開始把公平之類的價值寫進電腦系統的程式，我們接下來所面臨的挑戰就是，要決定到底該將**誰的**價值寫進程式中。當然，有些會來自我們的法律體系。例如不管當地訂有怎樣的行車法令，自駕車都需要遵守。在英國，你只能在外線道超車，而且絕對不准在紅燈時轉彎。在美國，你在任何線道都能超車，有時還能在紅燈時轉彎。

只不過，我們的價值並非全都是由精準的法律所賦予。如果是，也有很多法律必須視情況而違反。例如我們就發現，自駕車不該總是遵守道路規則。密西根大學交通研究所在二〇一五年的研究中發現，自駕車輛每行駛百萬英里就會撞車九．一次，由人類開車則為四．一次。[5] 雖然自駕車所涉及的撞車較多，不過很少錯在自駕車。或許是自駕車太守法，才間接造成了其中許多事故，其中有很多都是自駕車遭到後方來車追撞。假如有人從後方追撞你，嚴格來說，錯的幾乎總是對方。但為了避免闖黃燈而緊急煞車，遭到後方追撞的風險就會提高。有很多人類駕駛會在小處違反法律，像是遇黃燈繼續衝，或是在超車時超過速限。這些小處違法有的會使事故的次數減少，自駕車本身也必須考慮到同樣這幾種行為，而且或許甚至要像人類一樣在小處不守法。

我們還需要將一些或許跟實際的法律沒什麼關係的價值寫入程式中。例如對於向其他用路人致意，或是我們發展出的開車習慣，行車規則裏就談得不多。閃頭燈是代表對方的駕駛應該要駛離十字路口？還是前方有危險？還是你的車出了問題？自駕車需要加以了解，並在處境要求時就自己執行這樣的舉動，有時候這些舉動會涉及困難的倫理選擇。

電車問題

與自駕車相關的倫理兩難是以「電車問題」的形式進入公共論述，典型的電車問題談的是輕軌電車暴衝，它有賴於你做出困難的生死選擇，典型的情境如下。

有五個人被綁在某條鐵軌上，而且電車就要開來了。你站在人和電車之間，控制桿就在身旁。假如拉下控制桿，電車就會切換到側線。它聽起來簡單，只不過側線的鐵軌上也有人被綁住。你有兩個選項：要嘛什麼都不做，讓電車撞死主軌上的五個人，要嘛拉下控制桿，使電車改走側線去撞死一個人。你會怎麼做？

電車問題有很多變體，包含把男子推到電車的路線上，或者移植一個人的器官來救好幾條人命，以及把人羈押起來而不是處死。這些變體都是在暴露倫理上的反差，像是作為與不作為，確定與預期的結局，以及直接的作用與可能的副作用。[6]你可以自己上網去解決這類的電車問題。麻省理工學院的道德機器（MTI Moral Machine）就是在讓你解決電車問題。[7]它甚至讓你自行創造倫理兩難，好讓別人來解決。道德機器的目標，是要靠群眾外包來描繪出人類意見的樣貌，亦即在面對這種道德兩難時，機器該怎麼決定才好。

麻省理工學院的媒體實驗室在獲得關注上很有一套，道德機器就是挺好的例子。但非常不明朗的是，我們是不是該如某些人工智慧的研究人員所建議，為機器建立這樣的道德觀。[8]就算道德機器蒐集了超過一百萬個自任處決者的看法，仍有很多原因不宜要機器複製這些人所說的話。回答網站上的提問比擬不了握著汽車的方向盤，並有意識地朝某人輾過去。有人會故意回答反話；我就曾經上道德機器去試驗，當你的決定毫無必要地把額外的人殺掉時，會發生什麼事。道德機器並沒有蒐集人口結構資訊，所以無從確保抽樣的母體能代表較廣大的人口。甚至就假定它能代表，或是能想辦法做到，我們真的想要機器把整個社會上某種含糊的平均值給反映出來嗎？

有很多人主張，到二〇六二年，我們對機器秉持的倫理標準應該要比人類高。因為我們辦得到。因為機器可以比人類精準，因為機器可以思考得比我們快，因為它沒有我們的缺點。

我們肯定不想讓我們希望從社會中消除的那些偏見在機器裏生根，這就是道德機器所度量的那些偏見。而最後一項主張就是：我們對機器秉持的倫理標準應該要比人類高，因為它必定能並且應該要為了我們而犧牲自己。

企業倫理

在為機器賦予價值上，企業很可能會是一些責任最大的一分子。這會證明很棘手，因為在到目前為止的證據中，有很多企業的倫理都很低落，尤其是科技公司。假如我們不以行動來改變這點，這到二〇六二年就會是一大問題。

這些科技公司有很多都位在加州，這是個曾經以投身和跳脫資本主義的無止境追逐而聞名的地方。但大部分都是由很多老派的公司機構和軍方的經費所資助。谷歌以往的座右銘是「不為惡」；它應該是為了警示眼前的誘惑。它可不是「使世界成為更好的地方」，或者「為眾人帶來更大的幸福」。[9]

當然，這些大型科技公司豐富了我們的生活。但我們正開始發現，這些「免費」服務全都有一些隱藏的成本。確切來說，我們正開始意會到，它們的免費產品根本不是免費。俗話說，當產品的成本為零時，產品常常就是**你**。在這個星球上，最大的利潤有些就歸這些公司所有。它們所送上的服務並非沒有獲得豐厚的報酬。

在矽谷比較受歡迎的哲學家當中，有一位就是艾茵・蘭德（Ayn Rand；按：俄裔美國哲學家、小說家，著有《阿特拉斯聳聳肩》〔*Atlas Shrugged*〕等書）。她把自由主義與資本主義的觀念加以危險地融合，在科技業影響許多人，任何一種顛覆都被視為好事。整體來說，政府則是壞事。我們可以而且必須讓市場來決定，但市場既不仁厚也沒有遠見，有很多領域都需要監管，以確保全體受惠，並達成某種共善。

我能舉出很多例子。例如要對像優步這樣的公司挑毛病就非常容易。所以我們來找個不同的對象。我們來想想臉書，這家大舉投資人工智慧的科技公司。二〇一四年有一場抗議的風暴是，有人揭露臉書在暗中操控民眾是開心還是難過。臉書做了實驗，從六十八萬九千位用戶的動態消息中，把正面或負面的貼文加以封鎖，以看看能不能使他們比較開心或比較難過。實驗並沒有向獨立的倫理委員會尋求倫理核可，儘管研究牽涉到兩位康乃爾大學的研究人員。

現在假如我想要對部分的大眾做實驗，我就必須向所屬大學的倫理審查會尋求核可。我必須取得參與人員的知情同意。我需要證實風險很小，並採取步驟來減緩任何潛在的危害。在這點上，臉書的研究什麼都沒做。臉書認定，用戶在認可加入的條款與條件時，等於就同意了。當然，這些條款與條件十分籠統，沒有倫理審查會會核可。而且不像任何倫理審查會都會要求的是，他們在實驗前後都對倒楣的受測者隻字未提。

當你是做A／B實驗來決定要在網頁上使用什麼色調的藍色時，或許這可能無妨。[10]可是當你是故意試著要讓人比較難過時，它就不容接受了。而且在我看來，容許公司的倫理標準比大學要低也不容接受。確切來說，我們對公司所秉持的標準八成應該要比對大學來得高，因為公司主要是在追求獲利，而不是知識。[11]

臉書的行為在其他地方所引發的關切正在擴大。第二個例子是，臉書近來導入了小朋友即時通（Messenger Kids）。這是為六到十二歲的兒童所設計的應用程式。公司的動機很清楚：他們需要找出接下來的十億個用戶。爭取年幼的兒童則是做到這點的絕佳方式。

但有愈來愈多的證據是，社群媒體可能會使人憂鬱、焦慮和不快。確切來說，連臉書都坦承，社群媒體可能會對人類的心理健康有害。所以臉書該鼓勵年輕人在非常容易受影響的年紀多

使用社群媒體嗎？

在美國，《兒童線上隱私保護法》（*Children's Online Privacy Protection Act*，COPPA）在一九九八年通過了立法，以保護十三歲以下的兒童。它防止了社群媒體公司要兒童註冊，因為它們會要求家長同意揭露兒童的任何資訊。臉書主張，它的新應用程式「小朋友即時通」有經過諮詢委員會核可，裏面則有兒童發展、媒體與網路安全等學門的專家。但《連線》（*Wired*）雜誌後來發現，這些專家大部分都是受臉書所資助。

所以說，臉書不是該努力將十三歲以下的使用者從它的平台上**移除**，而不是讓他們更容易就一頭栽進去嗎？馬克・佐克伯（Mark Zuckerberg）甚至誓言要力拚到某個時候就廢掉《兒童線上隱私保護法》。[12] 幾年之後，我們回頭來看時，會不會懷念起在我們讓兒童接觸到社群媒體的雲霄飛車前，那些比較純真的時代？

臉書的宗旨是：「使人有能力建立社群，並把世界更密切地拉在一起。」二〇一七年時，ProPublica 發現，該公司的演算法會鎖定「厭尤太者」和其他的反尤太團體來販售廣告。臉書所販售的徵才廣告會歧視比較年長的人，而本身的徵才廣告則是偏袒年輕人。很難看出這樣的商業活動要怎麼建立社群，並把世界更密切地拉在一起。

消滅偏見

消滅偏見聽起來可能很有利，但卻礙難辦到。假如亞馬遜（Amazon）推薦書給你，線上婚戀交友網站 match.com 向你提議約會對象，或 monster.com（譯按：人力仲介網站）建議你可能會喜歡的新工作，它就是偏見，對其他所有都不如對單一的書籍、約會或工作來得偏愛。事實上，機器學習有很大的一部分，就是在為要賦予程式的偏見來決定最有利的類型。這樣的偏見通常被稱為「歸納式偏見」（inductive bias），是一組用來針對過往沒遇過的輸入來預測輸出的假設。

偏見甚至可以有利。我們可能會想要大學的招生過程是偏袒來自貧窮鄰里的人，或者貸款的決定是偏向最不可能違約的人，或者機器翻譯是對語料庫裏的性別歧視有偏見，或者自駕車是偏向讓路給行人和單車騎士。

而且能改變偏見的工具的確存在，以便捨不想要的事而就比較有利的事。例如我們可以試著去改良演算法的準確度。或許我們需要拿更多的資料來訓練，或是增添額外的特性，或是改變模型來改良它的準確度。另一個選項則是把特定的回答列入黑名單。我們在前文中就看到，谷歌把「大猩猩」當成它的相簿應用程式所不能接受的標註而列入了黑名單。黑名單的問題在於，完整度常難以確保。當然，你可以把問題反向處理，為可以接受的回答訂出白名單。但如此一來，你可能會錯失掉很多有用的新回答。

對偏見的另一種因應之道是，當特性導入了某種不想要的偏見時，就把它從資料集裏去掉。假如你不想要貸款的決定是看種族，那就不要在輸入中納入種族。但光把種族從輸入中消滅掉很可能還不夠；如我們所見，資料集裏或許會有其他與種族高度相關的特性，像是郵遞區號。我們可以拿掉這類相關的特性，但拿掉太多特性很可能會衝擊到準確度。我們也可以改變資料集本身。假如男性受到訓練集過度代表，我們可能會選擇增加訓練集裏的女性人數。或許能把訓練集修改成使人口結構與較廣大的人口相同？

最後，因應偏見的最終工具就是覺知。識別和改變人工智慧系統的偏見沒有完美的方式可言。但要是沒有覺知到可能會有偏見，就不可能去改變。

哲學的黃金年代

哲學的黃金年代是什麼時候？是為哲學打下許多根基的蘇格拉底、亞里斯多德和柏拉圖時代？還是常被譽為現代西方哲學之父的笛卡兒時代？或是孔子及其門生的時期？他們有很多的觀念至今還影響著我們，像是「己所不欲，勿施於人」；不過，我猜想哲學的黃金年代才正要開始。

隨著我們把許多對我們造成麻煩的棘手倫理選擇加以具體化，接下來的幾十年可能會是哲學的興盛時代。有鑑於電腦有多一板一眼，我們在價值上必須比以往更精準，因為我們給予人工智慧系統的決定能力會衝擊到我們。到二〇六二年時，每家大公司都會需要哲學長（Chief Philosophical Officer，CPO），以幫忙公司決定人工智慧系統要怎麼行動。而且**運算倫理**的學門會欣欣向榮，因為我們要考慮怎麼把系統建造成會遵照所議定的價值。

最近有朋友問我要怎麼說服孩子，上大學不要去念哲學，而要修「比較實用」的學分。我的回答是，要替他的孩子所選的科目鼓掌；在商界、政府和其他各處，我們都極度需要更多的哲學家。要是沒有他們，就不可能確保二〇六二年時的人工智慧系統會反映出人類的價值，並且最能確保數位人（*Homo digitalis*）比智人（*Homo sapiens*）更符合倫理。

第七章
平等的末日

在因為科技變革而受到威脅的人類價值中，有一項就是平等。當然，平等並不會真的走入末日。打從社會肇始以來，不平等就已存在，從來沒有一個社會是真平等。人總是為了更大的財富與更好的機會而生。但兩次世界大戰後所出現短暫時期的縮小不平等已來到末日，不平等則再度方興未艾。到二〇六二年時，我們可能會在社會上看到一些非常嚴重的不平等。所以本章的標題，或許應該寫成有點沒那麼好記的「縮小不平等的末日」。

像托瑪．皮凱提（Thomas Piketty）等經濟學家已強力論證說，當資本報酬率超過經濟成長率時，資本主義經濟的不平等就會加劇。如此一來，擁有財富的人便比只擁有本身勞動力的人更勝一籌。我們的經濟史有很多都是不平等加劇的情況，而且不平等並不限於資本主義體系。共產主義在實務上一點都沒有表現得比較好，對少數的特權階級照顧有加，對底層的人民卻無力拉拔。[1]

其他的趨勢很可能會促使這樣的不平等加劇，像是全球化和沒完沒了的全球金融危機。遺憾的是，人工智慧將使不平等進一步加劇，而把財富與權力集中在科技菁英的手上。也就是說，除非我們在不久的將來採取矯正的行動。

生活從來沒那麼好過

一百年前，美國、澳洲和英國的預期壽命約莫是五十五年。如今它超過了八十。有一度，成年男性的預期壽命還每過一年就多一歲。這是我還算能接受的趨勢。

極度貧窮首次跌落到全球人口的一成以下。遠在一九〇〇年時，極度貧窮在這個星球上所影響的人達八成以上。教育是這項變化的主因之一。在數百年前，能閱讀的人口約為一成五。如今全球有八成的人識字。更有前景的是，全球在二十五歲以下的人口有九成能閱讀。這種極度貧窮的減少產生了巨大衝擊。現在比較有可能致死的是肥胖，而不是營養不良。

大部分的人感覺不到，但這也是史上最不暴力的時代，倫敦的年命案率從十五世紀的每十萬人就超過五十人，下跌到如今的每十萬人還不到兩人。而且儘管波士尼亞、盧安達、敘利亞和其他地方有可怕的集體屠殺，但在過往的五十年間，內戰的死亡率仍下跌了十倍。

對世界各地非常清寒的人來說，生活雖然有所改善，但跟夠幸運而中了人生樂透的人比起來，差距卻在迅速拉大。單是二〇一七年，這個星球上最有錢的五百個人所增加的財富就超過了一兆美元。而且全球最有錢的八個億萬富豪現在手上所握有的財富，就跟全球最窮的半數人口一樣多，大多數人的生活從來沒那麼好過——尤其是非常有錢的人。

最差的住處

美國可說是不平等最明顯的國家。在經濟合作發展組織（Organisation for Economic Co-operation and Development，OECD）的三十五個會員國中，沒有一個像美國這麼不平等，也沒有一個所經歷的不平等是這樣在飆升。從一九八〇年起，美國最有錢的前一％人士在國民所得中的占比大約翻了一倍，從總額的一一％來到約莫二〇％。

為了持平看待這點，在這段期間，丹麥的前一％人士在所得中的占比，是從五％上升到僅僅六％。在荷蘭，六％的水準基本上並沒有增加。在最宜居國家的研究中，丹麥和荷蘭都常常名列前茅，我猜想這並非巧合。還有一些國家也是最有錢的前一％人士所得大增。例如在英國，最有錢的前一％人士在所得中的占比從六％上升到了一四％，加拿大則是從九％上升到一四％。但別的國家沒有一個像美國的增幅那麼大，而且沒有一個是從這麼不平等的基礎上出發。

被甩在後面的不單是窮人。中產階級民眾也沒有分享到增長的繁榮。根據經濟政策研究所（Economic Policy Institute）的資料，美國的中位數時薪幾十年來都沒什麼變化。以二〇一六年的美元計算，中位數時薪是從一九七三年的十六・七四美元，增加到二〇一六年的十七・八六美元。在醫療成本提高與就業保障減少日益加劇下，中產階級不免覺得受到壓榨。

涓滴經濟學

為了鼓勵我們接受有錢人正變得更有錢的事實，常見的主張是，他們的財富會「涓滴」（trickle down）而改善每個人的生活。還有人主張，對有錢人課稅會扼殺成長與創新。兩種論點都鮮少有證據支持。確切來說，顯示相反的則有很多。

國際貨幣基金（International Monetary Fund，IMF）的分析顯示，提高窮人與中產階級的所得占比會使成長提高，提高前二〇%的占比實際上會使成長下降。當有錢人變得更有錢時，好處並不會涓滴到窮人身上。當窮人變得比較有錢時，有錢人也會更有錢。[2]

涓滴經濟學（trickle-down economics）在二〇一二年出現過有趣的實驗。堪薩斯州州長山姆・布朗巴克（Sam Brownback）祭出了方案來對企業和富人大方減稅，對賺錢較少的人則減得比較不大方。五年後，該州的經濟陷入了可怕的狀態。年年都流失成千上萬份工作。該州大砍退休基金，並縮減了大學、醫療補助（Medicaid）和其他服務的經費。二〇一七年時，堪薩斯州舉白旗投降，把減稅給扭轉了過來。

在同一時期，加州則是嘗試反過來做。二〇一二年十一月時，該州的選民通過了第三十號提案，暫時調高加州最富有居民的州所得稅，並提高營業稅。收入則用來資助學校，並支付兩百七十億美元的債務。加州自此便享受到了一些美國各州最強勁的經濟成長。當然，其他的因素無疑也貢獻了加州的成長，像是龐大的科技業。但對有錢人課稅似乎並未造成傷害。

上次不一樣

二次世界大戰後曾有過局面不一樣的時期。不平等縮小，社會流動性增強。所導入的福利國家、勞動法令和工會，普及教育，還有各地的變革，像是美國的《退伍軍人法》（*Veterans Act*）和英國的《國民健康服務法》（*National Health Service Act*），在在都創造出深切改變的條件，到現在則被視為頗不尋常的不平等縮小時期。

驅動這些改變的是社會受到了一些巨大的撞擊：兩次世界大戰、介於其間的大蕭條，以及共產主義的威脅籠罩、冷戰與核子毀滅的陰影。針對人工智慧即將引爆的革命、全球金融危機和全球暖化之類的挑戰，或許將帶來改革社會的必要撞擊？

我沒有把握。政治人物在行動上並沒有足夠大膽的勇氣或眼光，而且我們的政治制度並不允許他們有勇氣和眼光。要為正向的結局創造出必要條件，遠遠不只是印鈔票就行。我們需要考慮激進改變的有福利國家、稅制、教育制度、勞動法令，甚至是政治體制。我並沒有把握，我們在討論時是有足夠的急迫感。

要阻止重大的氣候變遷大概是太遲了。我們現在必須著眼於應付它的效應。同樣地，在阻止科技顛覆損害社會上，我怕我們會行動得不夠快。在寫這本書時，我的目標之一就是要敲響警鐘，並敦促改變要更迅速。

公司機構的不平等

財富不但集中在有錢人的手上，也集中在少數十分強大企業的銀行餘額上。又是一樣，假如我們沒有以行動來阻止這點，到二〇六二年時，前景就會很黯淡。

數位市場常是自然壟斷。贏者全拿。我們只需要和想要一款搜尋引擎、一款通訊應用程式、一款社群媒體服務。而且除了在中國是強制競爭外，我們確實都是由一款搜尋引擎、通訊應用程式和社群媒體服務在稱霸。

在二〇〇七年的最後一季，市值最大的公開掛牌公司是中國石油、埃克森美孚

（ExxonMobil）、奇異（General Electric，GE）和中國移動。十年後，最大的四家公司全都是科技公司：蘋果、字母（Alphabet）（谷歌的母公司）、微軟和亞馬遜。早在二〇〇七年時，只有微軟是在前十名。

谷歌之類的科技公司曾經主張，他們必須保持競爭力，更好的新創公司隨時都可能冒出來，而且用戶在轉瞬之間就會把搜尋引擎給換掉；但情況再也不是這樣了，沒有其他公司所擁有的資料或財務實力競爭得過谷歌。當任何新創公司威脅到稱霸者，像谷歌這樣的企業有本錢花數十億美元把它買下來。幾年前，谷歌是每個星期買一家公司。而且假如新創公司拒賣，谷歌就會打造類似的服務並免費大放送，使任何一家競爭對手都沒生意可做。對上這樣的巨人，大衛毫無勝算。（按：引用自《聖經》中一位牧羊少年大衛〔David〕打敗巨人歌利亞〔Goliath〕的故事）

因應巨人

政府常以監管來確保競爭行為。以立法來規範公平價格可以遠遠追溯到羅馬時代的玉米市場，工業革命所造就的規模經濟則產生了更大的行動需求。這場持續戰爭的第一擊就是分拆石油巨頭。

到一九〇〇年時，標準石油（Standard Oil）在美國所掌控的提煉油已超過九成。約翰·洛克菲勒（John D. Rockefeller）是它的創辦人、董事長和大股東。他已是現代史上公認最有錢的人。一九一一年時，經過公眾疾呼後，最高法院依照一八九〇年的《休曼反托拉斯法》（*Sherman Antitrust Act*），把標準石油分拆成了三十四家比較小的公司。

對巨人的追擊隨之而來。一九一一年時，美國最高法院瞄準了菸草巨頭，把美國菸草公司（American Tobacco Company）分拆成四家比較小的業者。一九八二年時，法院盯上了電信巨頭，把美國電話電報公司（AT&T）分拆成七家區域型的貝爾（Bell）電話公司，還有現在小很多的母公司。到了最近，最高法院則是把科技巨頭一字排開，對微軟緊追不捨，但成效不彰。跨過大西洋，歐洲執委會（European Commission）在因應科技業的反競爭行為上就比較成功了。二〇一七年時，歐盟基於不公平競爭，對谷歌裁罰了破紀錄的二十七億美元。

在美國，反競爭監管的焦點有很多都擺在消費者所支付的價格上。不過，反競爭行為所衝擊的不單只是眼前的價格。市場常常未能對外部性計價，像是汙染的成本，尤其是在短期。對資料壟斷加以監管也有迫切的需要。遺憾的是，連破紀錄的罰鍰似乎也沒有對科技巨頭公司造成預想中的衝擊。

其他的行動也失敗了。二〇一一年時，谷歌對提供航空訂位軟體的公司ITA砸下七億美元。司法部核可了交易，只要谷歌把軟體對其他企業開放至少五年。谷歌只多等了兩年，就宣布將在二〇一八年把它關閉。谷歌的前員工泰德・班森（Ted Benson）在推特上寫說：「這等於隨隨便便就毀了機票新創公司的整個生態系。」

公司機構的貪婪

科技公司在市場上運作時，報酬常令人驚嘆。數位商品複製起來幾乎不用花錢，數位服務則能快速又便宜地擴張。例如字母的年所得是一千一百億美元，所賺的淨利就超過了二〇％。相較之下，沃爾瑪（Walmart）的年所得是四千八百五十億美元，所賺的淨利卻不到三％。

這些大型科技企業的財富有部分是靠不願意繳稅所取得。歐盟執委會在二〇一七年九月所發布的報告發現，相較於傳統公司所繳的有效稅率是二三％，歐盟有國際營運的數位企業一般所繳的有效稅率是一〇％。有很多科技公司則是繳得更少。

二〇一六年時，亞馬遜在歐洲的營收是一百九十五億英鎊，所繳的稅只有一千五百萬英鎊，甚至不到營收的〇．一％。臉書在二〇一六年的營收從前一年的兩億一千零八十萬英鎊，增加到了八億四千二百萬英鎊，但莫名其妙的是，他們的稅只從四百二十萬英鎊增加到五百一十萬英鎊。這還不到營收的一％。令人側目的是，該公司的營收增加了四倍，稅卻只漲了四分之一。

當然，沒繳什麼稅的不單是科技公司。避稅成了許多企業在玩的遊戲。例如宜家（ＩＫＥＡ）在它最近的澳洲帳目中所申報的營業額是十一．六億澳幣。但在會計師施以魔法後，宜家只繳二十八萬九千澳幣給澳洲稅務局（Australian Tax Office）。令人納悶的是，在顯然這麼無利可圖的時候，宜家為什麼還要卯足全力在澳洲賣出值十億澳幣以上的組合家具。

但最積極在避稅的一些人確實就是科技公司。在愛爾蘭，歐洲執委會發現，蘋果在二〇一四年繳稅給愛爾蘭稅務當局的稅率只有〇．〇〇五％，遠低於一二．五％的企業稅率。執委會裁決，蘋果應該要補繳一百三十億歐元的稅。因此，我們現在的處境很詭異，愛爾蘭政府在抗拒執委會的裁決，試圖不收上百億歐元的稅。愛爾蘭政府是在玩更長遠的遊戲，希望愛爾蘭能依舊是歐洲的一個公司稅天堂。

英國和澳洲都導入了特別的「谷歌稅」，以試著強迫科技公司繳納金額合理的稅。在賺取營收的地方，這些企業應該要有所貢獻才公平。確切來說，假如更加有遠見，它們就會看出來，把顧客的財富榨乾終究來說並不符合本身的利益。

科技企業並不需要靠賺取這麼龐大的利潤來延續成長。大部分都沒有配息，所以並不需要有利可圖到足以直接酬賞股東。它們的利潤常是用來回購股票。這是偷懶的選項。它等於是說：「這些錢全都派不上用場。」而且它有拉抬股價的作用，會酬賞到那些握有股票選擇權的主管。這需要加以監管。

優步的毀滅性

一切怎麼會走到錯成這樣？數位夢想變成了什麼樣子？拿計程車來說，十年前，有很多地方的計程車市場並不競爭。在許多城市裏，一到下雨天就攔不到計程車。計程車牌照常常貴得離譜。優步理當是要解決這點，但到最後，它卻是用一套破敗的體系來取代另一套。

優步令人詬病的事有很多。我們有優步司機被迫住在車子裏，因為他們所拿到的錢少得可憐。而且優步儼然是毫不心軟地違法，或是跟監敵對的公司。對於用戶的資料遭竊，它也認為不需要告訴他們。只不過撇開所有的惡行不談，優步有個問題則是根本得多：它從體系裏偷走了大部分的財富。

靠著讓我們所建立的數位市場運作得更有效率，網際網路應該要減少摩擦才對。把有閒置車輛的人連結上需要載運的人，使**人人**都能得利，為什麼會這麼難？優步從體系裏把這麼多價值納為己有，這公平嗎？例如要是我們成立合作社，使車主和客人能共享所賺取的價值，這不是比較好嗎？

這件事沒有發生的原因有二，一是科技（現在可以解決了），二是財務（還在等待解答）。科技問題是指，你不會想要搭隨便一個人的車，或是讓隨便一個人搭你的車。因此，你會需要信譽系統，好讓司機和乘客能互相信賴。信譽系統在過往代表說，你需要有中央主管機關能維護司機和乘客的行為紀錄。而優步就是這個中央主管機關。但情況不再是如此了。憑著區塊鏈科技，我們就能建立分權式的信譽系統，而不再需要像優步這樣的中間人。

這下就剩財務障礙了。優步並不需要賺錢。它在創投市場上募集了大筆的資金，並可繼續募集下去。因此，共乘市場再也不是競爭市場了。它無關乎哪種搭乘服務才是最好。最終的贏家既不是消費者，也不是計程車司機。口袋最深的創投基金才是贏家。合作社競爭不過不需要賺錢的企業。而且肯定競爭不過連損益兩平都不需要卻樂意虧錢的企業。二〇一六年時，優步的營收是六十五億美元，並虧了二十八億美元。這差不多是每進帳二·三二美元就賠一美元。你每搭一趟，約莫就有三分之一的錢是由優步的金主來出。

公司機構的研究

有鑑於谷歌和蘋果之類的企業為我們的生活所帶來的一切好處，你可能要準備好忍受赤裸裸的資本主義。例如想想看，你一天有多少次要仰賴谷歌或口袋裏的 iPhone。但為我們改善生活的科技有很多並不是企業的產物。網際網路是由美國的政府單位國防高等研究計畫署（Defense Advanced Research Projects Agency，DARPA）所資助。全球資訊網（World Wide Web，WWW）是由受多個政府資助的物理實驗室歐洲核子研究組織（European Organisation for Nuclear

Research，CERN）所發明。而且iPhone裏的科技有很多都是出自政府資助的研究。觸控螢幕顯示器、衛星定位系統、網際網路，甚至是Siri背後的科技，出錢的都不是矽谷的創投業者，而是個人的稅金。

研究必須看得長遠。它必須下許多賭注，其中有很多都不會得到回報。而且它貢獻的常常是公益，而不是某一家公司。科學並非祕而不宣的事。我們科學家都是在公開場合發表，使人人都能受惠。對於研究的生態系，公司機構當然是有貢獻。而且專利制度之類的體制有助於科學家發表，並且還是會得到應有的研究報酬。

近年來，微軟、谷歌和臉書之類的大型科技公司都在強化與大學院校的鏈結。它們有很多的高級幹部體認到，創新常是來自大學院校，而不是公司機構的實驗室。它們也體認到，在科技公司的研發實驗室裏任職的研究人員幾乎全都是來自大學院校。

深度學習在近期的興盛有很多確實是由公司機構而非政府資金所帶動。但這股興盛的基礎可以追溯到政府的資助上。加拿大高等研究所（Canadian Institute for Advanced Research）對多倫多大學的傑佛瑞・辛頓（Geoffrey Hinton）和蒙特婁大學的約書亞・本吉奧（Yoshua Bengio）資助了許多年。辛頓和本吉奧所研究的主題是在當時相當不時興的神經網絡。加拿大人有遠見的賭注獲得了可觀的回報，現在在深度學習上，加拿大已是新創公司的溫床。

現代企業

容易讓人忘記的是，現代企業是工業革命在前一波科技革命中的產物。現今所存在的公司只有少數是起自三百多年前，而且多半是銀行和出版社。大部分的企業都是到更近期才誕生。標普五百（S&P 500）公司的平均年齡只有二十年。

終究來說，現代企業是人為機構，在設計上有部分就是為了允許社會從科技變革中受益。有限責任讓企業的董事在冒險時，不會招致個人風險。股市和債市使企業有管道來集資，好讓它們投入新的科技與市場。股票可轉移則給了企業連貫性，使它們能逐步成長。

杜邦（DuPont）（創立於一八〇二年）、奇異（一八九二年）、福特汽車公司（一九〇三年）和ＩＢＭ（一九一一年）之類的公司非常明顯是工業革命的產物。但現今的重大問題在於，雖然有許多企業大大受惠於近期的科技進步，但有很多其他的社會環節並沒有。有很多科技公司在結構上都是把優渥的待遇給了創辦人，而不是股東。就算創辦人不是以這種方式獲得特權，公司治理的結構也讓執行長會以行動來把自身的報酬極大化。這並不直接符合股東的應得報酬，或是更普遍地符合返還社會的價值。

使情況加劇的是，這些科技企業有些變得跟小國一樣值錢與強大。拿蘋果來說，它目前的市值約八千五百億美元，而且或許很快就會成為世界上首家市值破一兆美元的公司。為了加以比較，試想一個在世界上比較富有但比較小的國家，那就是盧森堡。會計上的經驗法則是，資產大概會是年所得的十倍價值。盧森堡的年所得是它的國內生產毛額，代表在為期一年當中，盧森堡民眾生產出所有財貨與勞務的總值。這大約是六百億美元。以此為準，你就可以說盧森堡大約值六千億美元，或是比不上一家蘋果。

二十一世紀的企業

有鑑於現代企業是人類的發明，而且有部分是工業革命的產物，所以對於可以如何把企業的觀念改造成適用於將屆的工作革命，或許到了該思考的時候。尤其是我們要如何才能確保，二〇六二年的企業在服務公益上會調校得更好？

可能會在二十一世紀的企業中派上用場的素材有好幾項。第一是把執行長看管好，並讓員工和股東有更好的代表性。對於讓員工有更大發言權的好處，德國就是個好例子。在德國，當員工超過兩千人時，公司就必須成立監事會，而且有半數是由公司的員工出任。這個監事會要制訂主管的薪資，以及雇用和解雇執行長和其他的執行董事。

也有案例是限縮執行長與公司內最低薪員工的薪水比率。在美國，這個比率在過去三十年間平均大約增長了六倍。現在的執行長在工作時有努力六倍嗎？而且在執行長的薪水實質大增之際，同一段時間的中位數薪資卻沒什麼動靜。在沒有給其他雇員相應的誘因時，我們也可以針對給執行長的股票誘因來著手設限。

有助於改革現代企業的第二項素材是，以誘因來讓共同協會及合作社成長。其中可能包括：調降稅率之類的財務誘因，便宜的政府貸款和優惠的資金管道，政府採購是偏向這類公司之類的商業誘因，以及在流動性的規定上比公開掛牌公司（它們的管理階層可能會很想拉高風險，因為他們是拿別人的錢來賭）要來得寬鬆。

第三項素材是，以稅務改革來強迫企業在賺取財富的地方多繳稅。終究來說，這才符合每個人的長期利益。把財富洗出各國無法長久。社會井然有序時，企業在經營上就會受惠。假如這些市場要存在下去，道路、醫院、學校、運輸等等全都必須有人出錢。

第四項素材是，改革就業法令。在「零工經濟」(gig economy) 成長下，勞工需要有更好的權益，使他們能享有企業以往所提供的保障。勞工需要可以生病、生小孩、照顧年邁的父母以及重新受訓，而不會掉到貧窮線（breadline）以下。搭配上這點，工會也需要自我改造，使它能幫忙為勞工爭取到更好的權益。

第五項素材是，把資料壟斷監管得更好。終究來說，這或許代表字母和臉書之類的科技公司需要分拆，如同石油和電信業在過往的歲月中所發生的事。在做到這點前，比較不激進的改變也可以考慮。大型科技公司或可直接禁買新公司。而且我在第八章會討論到，我們必然需要在資料保護和資料所有權上去思考新的法令。

免費的錢

像這樣的政策變革或許太小，而確保不了社會全體都受惠於人工智慧革命。一如現代福利國家是在工業革命起步時所發明，我們或許需要考慮更激進的改變。

有一種可能是以全民基本收入（universal basic income）來讓國內的全體公民都有保證和無條件的收入。有趣的是，它吸引了政治雙方的支持。右派的人把它視為減少政府官僚的辦法，而對左派的人來說，它則是把錢重新分配給窮人的辦法。而且它受到了矽谷的很多人支持。

無條件發錢給每個人或許看似激進，但事實上，它只是把我們已經在做的事加以延伸。有很多國家都是免費就學，有些國家則是免費就醫。只要在國內出生，你就有資格受到每年值數千美元的服務。把實實在在的錢交到民眾手上或許看似有點極端，但我們現在已不著痕跡地做了一段時間。

在搖擺一九六〇年代，基本收入差不多就引進了美國。一九六七年時，小馬丁．路德．金恩（Martin Luther King Jr.）寫道：「我現在堅信，最簡單的做法會證明最有效——貧窮的解決之道就是直接把它消滅掉，靠的則是現在廣受討論的措施：保證收入。」[3] 到了隔年，世界各地都有年輕人走上街頭要求更好的未來，有一千二百位經濟學家則寫了公開信，並登上了《紐約時報》（*New York Times*）的頭版，以呼籲人人都要有基本收入。他們寫道：「要等到國內的每個人在收入上都得到保障，也就是不低於官方所認定的貧窮定義，國家才算是盡到責任。」前美國總統尼克森（Richard Nixon）甚至試著把這件事付諸實行。全民基本收入在紐澤西州、賓州、愛荷華州和北卡羅萊納州經過一些實驗後，尼克森在一九六九年時提出了法案，來為進行中的抗貧大作戰畫下句點。這將保證四口之家一年會有一千六百美元（相當於現今的約莫一萬美元）。法案獲得了眾議院通過，但遭到了參議院否決。尼克森到隔年又試了一次，結果還是一樣。

在自動化的威脅籠罩下，全民基本收入的構想現在回到了議程上。有若干實驗正在荷蘭、加拿大、芬蘭和其他地方進行。它們是設計來幫忙回答它在可行上的疑問。民眾還是會找工作嗎？它會如何衝擊到民眾的價值感？有人甚至害怕，它可能會壓縮到薪資，因為雇主可能會覺得，更不需要付到生活所需的薪資了。

規模是所有這些試點研究的一個根本問題。沒有一項是全面實行，或持久到足以把結局推演到整個國家和整個世代的民眾。儘管如此，這些（和先前）試驗的初步資料仍屬正面。民眾似乎並未減少工作，這些社群的健康提升了，而且教育方面的結局改善了。

重大的課題依舊——最顯著的或許就是全民基本收入的成本。在美國，對就業年齡二億名成年人每年各發一萬八千美元，就要花費三．六兆美元。有趣的是，這是美國年度聯邦預算的金額。但全民基本收入並不代表可以把其他所有的政府支出都消滅掉。你還是需要為道路、學校、醫院和民眾所仰賴的其他所有公益出錢。

也有人為全民基本收入提出了比較不激進的替代方案。其中包括拉高最低薪資、強化工會和勞動法令、把對勞動課稅轉向資本，以及對職業訓練和再教育提高資助。這些替代方案的優點是，社會所必需的激進改變較少。但就算一起實施，它們是否足以應付屆臨的改變依舊是成疑的問題。

綠芽

對於本身的責任，科技公司正開始有所覺醒。例如谷歌在二〇一七年宣布，它在接下來五年將對非營利組織投入十億美元，以協助民眾針對工作本質的變化來調整。這是該公司迄今為止最大筆的慈善捐助。不過，假定它的獲利以目前的速度持續成長，在那五年的時期裏，這將花不到谷歌三%的獲利。像其他公司那樣繳交企業稅所還給公眾的還遠多於此。

二〇一七年有另一個例子是，臉書宣布將停止把在歐洲的廣告營收登記在愛爾蘭，而要開始登記在實際的進帳國。批評者表示，此舉不大可能使臉書所繳的稅變多。儘管如此，它或許透露出科技公司積極避稅的末日要開始了。

但最有前景的綠芽或許不是來自公司，而是來自政府。在過去六十年間，哥斯大黎加的政府所聚焦的不是成長，而是為公民全面提供優厚、高品質的社會服務，並同時保護環境。在裁軍以及把這些資源釋出給醫院、學校和退休金的支出下，哥斯大黎加成了拉丁美洲的榜樣。

二〇一六年，哥斯大黎加把六．九％的預算花在教育上，相較之下的全球平均值則是四．四％。在過去二十年間，花在醫療上的錢增加約五成，高達國內生產毛額的九％。這有七成以上是由政府所資助。哥斯大黎加計畫到二〇二一年時，要成為碳中和國家。它的電力有九八％已經是由綠色來源所產出，它的預期壽命為七十九．六歲而超越美國；靠著把錢花在健康、教育和環境上，哥斯大黎加把自己變成了對公民更好的地方，希望其他國家有看在眼裏。

應付加速中的不平等並非易事，它必須大膽而有眼光。人工智慧帶給大型科技公司的利潤，幾乎肯定必須擴大重新分配。

在二〇一八年的世界經濟論壇上，谷歌的執行長桑德爾．皮蔡（Sundar Pichai）說，他很樂意讓谷歌多繳稅，並呼籲改革現行的全球稅制。這使得未來一目了然。到了二〇六二年，像谷歌這樣的公司的確應該會多繳稅，而這些稅則需要分配到全球。

第八章
隱私的末日

隱私是另一樣受到威脅的人類價值。文頓．瑟夫（Vinton Cerf）是谷歌的「頭號網路宣揚者」，以及網際網路的擘畫者之一。二〇一三年時，他告訴聯邦貿易委員會（Federal Trade Commission），「隱私或許的確是種異常」。他為這項大膽的宣稱找了正當理由，並表示「隱私是工業革命帶動城市興盛所衍生出來的東西」。

他的宣稱有一定的真實性。早在中世紀的年代，生活比現在更沒有隱私得多，大部分的人都住不起有分隔生活空間與臥室隔間的房子。工業革命提升了我們的生活水準，使某些形式的隱私變得比較可能。不過，隱私不只是事關有自己的房間。它還事關有隱私來討論政治變革和思考危險的想法。不記名投票、奉行所選擇的宗教、過自己想要的生活。我們逐步期待的還有其他很多隱私。

只不過到了二〇六二年，我們再也不會把其中許多的隱私視為理所當然了，畢竟凡事都逃不過能幹的人工智慧的監控。所以說，至關重要的問題是，我們要怎麼防止人工智慧危及這些隱私，就跟喬治·歐威爾（George Orwell）在《一九八四》（*Nineteen Eighty-Four*）這部經典的反烏托邦小說裏所預測的差不多。

新石油

克萊富·杭比（Clive Humby）是英國數學家暨特易購（Tesco）劃時代會員卡（Clubcard）背後的開發者，並廣被譽為把資料比擬為石油的第一人。[1]當然，石油就是為工業革命驅動（駕馭，drive 的雙關語）許多環節的天然資源。二〇〇六年時，杭比說：「資料就是新石油。它有價值，但假如不加提煉，就無法真正使用。它必須轉變成瓦斯、塑膠、化學製品等等，才會創造出有價值的實體來帶動有利可圖的活動；資料也必須經過拆解、分析，它才會有價值。」

二〇一三年時，Tresata（譯按：美國分析軟體業者）執行長阿彼什克·梅塔（Abhishek Mehta）談到：

就跟石油是驅動上一波工業革命的天然資源一樣，資料將是這波工業革命的天然資源。資料是核心資產以及核心潤滑劑，不單圍繞每個產業縱面所建立起來的整體經濟模式是如此，社會經濟模式也是。

人工智慧已是並將繼續是這些資料的主要消費者。深度學習之類的機器學習法目前所必需的訓練實例都是數以百萬、甚至十億計。假如資料是新石油，機器學習就是這些大型資料集的煉油廠。到二〇六二年時，機器學習無疑會更像是人類學習，所需要的實例也較少。儘管如此，人工智慧的成功仍將繼續以資料為中心。

只不過，資料與石油的類比不應太過從字面上來看，因為其中有一些根本上的差異。石油是珍貴而有限的資源。資料既不珍貴，也不稀有。石油只能用一次。資料可以無限制地重複使用。與石油不像的是，資料常可用來產出更多資料。《矽谷史》（*A History of Silicon Valley*）的作者皮埃羅・斯加魯菲（Piero Scaruffi）寫道：「石油與資料的差別在於，石油的產物不會產出更多的石油（令人遺憾），資料的產物（自駕車、無人機、穿戴式裝置等等）則會產出更多的資料（平常都開車去哪、開得多快／好、同行的有誰等等）。」[2]

但石油與資料的最大差別或許在於所有權。對於我們腳下和海底的石油，各國很快就宣示了所有權。但現今有很多資料則是為民間所有。我們大部分的資料正日益為少數的民間資料壟斷者所有，尤其是谷歌和臉書。而且它們從中賺取了財富，但身為這些資料的生產者，我們所享受到的價值卻微乎其微。此外，這些資料全都使我們的隱私受到了威脅。

人工智慧正在看著你

到二〇六二年時，要保有必要的隱私來過你的私生活將是重大的挑戰。《經濟學人》估計，光是臉書就掃瞄、儲存了並能辨識十二億張不同的臉。針對這點來思考一下。這大概是這個星球上六分之一的人。再過幾十年，某個地方很可能會有資料庫所瞄準的是把每張臉都涵蓋進去。

連寵物都不安全：二〇一七年十月，谷歌相簿開始對貓狗加以辨識和標示。而且谷歌一看到你的貴賓狗，就會受到觸發去附近找你。所以下次在社群媒體上標示朋友或寵物時，要記得你所洩漏的不僅是寵物的身分，還有朋友的身分。

矽谷或許也會瞭若指掌的不僅有你是誰，還有你會怎麼投票或其他隱私的個人資訊，像是性傾向。二〇一七年，史丹福大學的團隊示範了只要利用谷歌街景中的影像，就能預測你會怎麼投票，[3] 連臉書上的一個讚都能提供足夠的資訊來預測投票行為。[4] 史丹福大學的另一個團隊則在非議中宣稱，已把機器學習演算法訓練成會分辨同性戀者和異性戀者的臉。[5]

科技公司願意蒐集的資料儼然是無邊無際，隱私暨安全專家布魯斯・施奈爾（Bruce Schneier）

曾表示：「監控是網際網路的商業模式」。[6]高爾（Al Gore；譯按：前美國副總統）更是一語道破地稱之為「跟蹤狂經濟」（stalker economy）。[7]當你把所在位置關閉，甚至是把SIM卡移除後，谷歌憑什麼認為該追蹤你的安卓手機？[8]在你搭完車五分鐘後，優步憑什麼認為追蹤你的位置沒關係？[9]對於你在iOS上的整個谷歌帳戶，包括電子郵件和瀏覽紀錄，精靈寶可夢GO（Pokémon GO）憑什麼認為都該看得到？

當然，正開始侵犯民眾隱私的不是只有科技公司，各州也正採用新科技來刺探我們的生活。舉例來說，美國德拉瓦州就在警察巡邏車上，裝設了「智慧」相機來識別載有逃犯、肉票孩童或失蹤老人的車輛。這類的用途現在可能不成問題，可是當某州開始用同樣的科技去追蹤政治活動或難民時，那會怎樣？在中國，鄭州警方已開始測試人臉辨識眼鏡。這種眼鏡每秒可處理十萬張臉。運用這類的科技，你就無法隱身在示威群眾裏。

鏈結資料

就算公司已負責任地把蒐集到的資料匿名時，它也可能會失靈。把不同來源的資料鏈結起來就是其中一個問題。個別來說，資料集或許一點都沒有洩漏隱私。可是當兩個以上的資料集合併時，隱私就可能會受到威脅，網飛（Netflix）的挑戰就是個好例子。

二〇〇六年，網飛舉辦了百萬美元競賽，要設計出更好的電影推薦系統。該公司公布了四十八萬零一百八十九個用戶對一萬七千七百七十部不同電影的一億零四十八萬零五百零七筆評分。為了保護用戶的隱私，網飛小心地把資料匿名，去掉了個人細節，而以亂數來取代姓名。但這並不管用。德州大學奧斯汀分校的研究人員拿資料來比對網路電影資料庫（Internet Movie Database）裏可公開取得的排名和時戳，就能辨認出網飛資料集裏的用戶。原來要是把所有的人都喜歡的最熱門電影從資料裏去掉，你就能從他們所喜歡的較不熱門電影組合中一舉辨認出某人。

假如把資料的子集去掉、把時戳改掉，或是在資料裏故意植入錯誤，網飛就能把辨識用戶變得比較難。但連打亂資料或資料有錯而使資料不全時，要辨認出其中一些用戶還是不會太難。只要用少量的非匿名資料，大上許多但匿名的網飛資料庫就會喪失匿名性。

政府對鏈結資料的威力非常有覺知。二〇一五年時，《資料保存法》（*Data Retention Act*）在澳洲生效。這所導入的法定義務是，電信公司要保存特定類型的後設資料（metadata，元資料）。以通話來說，這包含了來電號碼、裝置位置，以及行動電話所分配到的唯一識別碼。以電子郵件來說，這包含了電子郵件位址，以及訊息的大小和日期。

這類的後設資料本身並沒有太多可資運用的地方，因為其中並不包含通話或電子郵件的內容。但一把它鏈結其他資料，主管機關就會有很多東西可探究，像是你與誰聯繫，以及你在做什麼。

線下隱私

甚至在線下時，我們都日益受到追蹤。美國一家民間公司警視（Vigilant Solutions）的資料庫裏有超過二十二億張車牌和位置的照片。它每個月都會登載並永久儲存另外八千萬筆左右的紀錄。警視把這些資料賣給了全國各地成千上萬個想要追蹤民眾的執法機關。它現在跟美國的國土安全部（Department of Homeland Security）簽了約，要提供車牌的即時追蹤。

不令人訝異的是，你在購物時也受到了密切追蹤。例如谷歌會把關鍵字廣告（AdWords）、谷歌分析（Google Analytics，GA）和DoubleClick Search（按：現為Google Ad Manager）的行銷資料，跟行動電話的位置資料拼湊在一起，以追蹤民眾是在什麼時候光顧店面。對於用戶在點擊特定的廣告後光顧店面，他們每年的追蹤都是數以十億計。而且谷歌還開始把光顧店面連結上購物資料。對於美國所有的信用卡和簽帳卡交易，谷歌的「第三方結盟」已掌握了七成。到二〇六二年時，我們可以預期的是，我們的線上和線下購物都會受到像谷歌這樣的公司所追蹤。你所花的每一塊錢都會有資料庫把它記錄下來。

而且一旦城市變得「更聰明」，會針對居民的資料來加以蒐集、分析和行動，我們可以預期的是，線下追蹤就會更加猖獗。這樣的資料蒐集真的是無從退出。每個在做事的人都會受到追蹤。例如在二〇一三年時，有人就發現，倫敦市的「智慧垃圾桶」會追蹤民眾的行動電話。[10] 對於業者的意圖，製作智慧垃圾桶的公司執行長卡韋．梅馬利（Kaveh Memari）非常坦白：「依照我們的觀點，它是對每個人開放，每個人都能買那些資料。倫敦是全球監控最多的城市……只要我們不加上姓名和住址，它就是合法。」[11]

他的主張在邏輯上很詭異：由於別人在追蹤民眾，所以我們也可以。經過媒體疾呼後，智慧垃圾桶被迫停止去追蹤民眾的手機——那是現在。可是到二〇六二年時，會追蹤民眾的就不只是垃圾桶了。整座城市都會看著你。

家裏的老大哥

當你回到家時，監控並不會結束。我們已經在智慧音箱上看到了這點，像是亞馬遜的 Alexa 和谷歌的 Home。雖然這些只會在你對它們說話時「醒來」，但它們能做到這點的原因就在於，它們**一直**在聽。而且一旦醒來，它們並不是在裝置上處理你的言談，而是會回到谷歌和亞馬遜在雲端上的伺服器。只有在裝置醒來時，谷歌和亞馬遜才會記錄交談。不過，研究人員已發現要怎麼駭入並隨時記錄交談。這把音箱變成了實質上的竊聽器。像愛德華．史諾登（Edward Snowden）這樣的人會用膠帶把筆電上的攝影鏡頭蓋住，以及把手機放進冰箱裏以阻絕信號，是有它的原因。

阿肯色州的警方人員曾調閱顧客的 Alexa 紀錄，因事關二〇一五年在他家的一樁命案。亞馬遜拒絕交出紀錄，但在問題可能要上法庭接受考驗前，顧客的律師便同意把資料給交了出來。到二〇六二年時，我們可以預期的是，各種數位個人助理都將在法律案件中作證。

會侵犯家中隱私的將不只是智慧音箱。網際網路的下一波革命就是「物聯網」，把家中的裝置全部連上網：電視、冰箱、烤麵包機、電燈，甚至是花盆。大部分不會有螢幕或鍵盤，但會有語音介面。因此，它們會有永久在聽取指令的麥克風。在歐威爾的《一九八四》小說中，在家中偷聽的是政府。在現實裏，公眾則已在花錢請民間公司來家中裝設能聽取我們每則交談的裝置。

類比隱私

有些人主張，我們的數位隱私之戰已經打輸了，我們已經把太多的私人資訊奉送給了臉書、谷歌、亞馬遜和其他人，而且大勢已去，人類難以挽回頹勢。但我們不久後也將奉送我們的類比隱私。問題是出在，我們正把自己連上智慧手表、健身監控器和其他的裝置來監控我們的類比自我。我們正在洩漏自己所在的地理位置、心跳率、血壓——而且很快就會增添很多別的生命徵象。

好處顯而易見。蘋果手表的 DeepHeart 機器學習應用程式能識別出心房顫動、高血壓和睡眠呼吸中止症。它甚至能用心跳來預測會罹患糖尿病，而且準確度是了不起的八五％。這全都是人工智慧能使我們更健康的部分前景。但其中也有風險。要是你在健身房每缺席一週，健康基金就調漲你的保費呢？或者要是雇主以工作太慢為由罰你錢呢？或者要是廣告主給你看的電視廣告會使你心跳加速呢？

在數位自我上，我們可以騙人。我們可以假裝是別人。我們可以匿名連結。但在類比自我上，要騙人就難多了。我們無從去直接控制心跳要多快，或是瞳孔要在什麼時候放大。想像一下，假如政黨讀得到每個人的心跳，它可能會怎麼做？而且我們正把這些類比資料奉送給民間公司。

例如當你註冊使用 FitBit（譯按：智慧健身產品業者）的裝置時，FitBit 就會把你的很多類比資料蒐集到它的伺服器上：今天所走的步數、距離、所燃燒的熱量、目前的體重、心跳和所在位置，以及附近的 WiFi 存取點，基地台識別碼，所用的電腦和所瀏覽的網頁。從所有這些資料中，FitBit 就能掌握到你的很多事。

第二個例子是，當你把唾液寄到溯源基因（AncestryDNA）去做基因檢測時，你必須同意授予他們「免權利金、通行世界、可轉授許可、可轉移的許可來主導、轉移、處理、分析、散布和傳遞台端的基因資訊，目的則是要為台端提供產品與服務，從事溯源的研究與產品開發，提升溯源的使用者體驗，以及製作和販售個人化的產品與服務」。而且假如溯源基因正好用了你的DNA來為你所罹患的罕見遺傳病開發療法，他們還能合法要你對該療法付費。溯源基因的條款和條件講得很清楚：「對於溯源利用台端的基因資訊或可開發出的任何研究或商業產品，台端皆不具權利。」

其實它以往還更糟。在媒體疾呼前，溯源基因所宣示的免權利金許可是「終身」。他們一旦取得你的資料，你就無從要回來了。現在，你至少可以要他們刪除並停止使用你的資料。

不像醫生和醫院所蒐集的醫療資料，FitBit或溯源基因所蒐集的資料並不受任何醫病或病人隱私的立法所保護。FitBit或溯源基因之類的公司等於是可以拿它來為所欲為。FitBit或許會找出誰有性行為，並嘗試賣一些威而鋼給他們。[12]溯源基因或許會研判你有阿茲海默症的風險，並嘗試把你的細節賣給當地的照護之家。

非人眼

為了容許像這樣的科技持續操作，有一項主張是，資料並非由人眼來檢查。到二〇一七年為止，谷歌的伺服器都會讀取你所收到的電子郵件，並把資訊用來販售個人化廣告。當然，讀取電子郵件的並不是真人，而是演算法。儘管如此，它還是可能讓人覺得毛骨悚然。谷歌執行董事長艾瑞克・施密特（Eric Schmidt）曾說：「谷歌的方針就是，遊走在令人毛骨悚然的界線上而不跨過去。」[13]可是該公司近來決定停止讀取電子郵件，代表它可能意會到自己跨過了那條線。[14]

在讀取用戶的電子郵件上，原本谷歌是以這項主張來為自身的舉動辯護：「就如同對於信是由收件人的助理來打開，寫信給商界同事的寄件人不能感到訝異。假如通訊在寄送期間經過收件人的電子通訊服務（Electronic Communications Service，ECS）供應商處理，現今使用網路式電子郵件的人也不能感到訝異。」[15]但谷歌的主張在邏輯上說不通。你不會預期郵務士在送信時讀你的信。而且假如他們從你的明信片上所讀取的不只是地址，你還會有點失望。所以對於我們的電子郵件在寄送期間遭到讀取**內容**，我們應該要訝異與失望才對。隨著人工智慧變得愈來愈強，我們應該要愈來愈關切它的非人眼會讀取我們的通信。

好蘋果

有一家公司試著要在民眾的隱私個資出類拔萃，蘋果的隱私權聲明把這點說得很清楚：

> 蘋果產品旨在做驚人的事情，其設計是為保護你的隱私。
>
> 在蘋果，我們堅信隱私是基本人權。
>
> 你在蘋果裝置上儲存了許多個人資訊，你有權保護這些資訊的隱私。
>
> 比如你跑步後的心率、首先閱讀的新聞、購買上一杯咖啡的地點、瀏覽哪些網站，以及你和誰打電話、收發電子郵件或訊息等。

> 每一款蘋果產品的設計，從一開始就融入保護這些資訊的理念，並讓你可以自行選擇分享的內容及對象。
>
> 我們一次次證明，出色的使用體驗，不需要以個人的隱私與安全為代價。相反的，兩者可以相輔相成。

為了挺住這麼強力的隱私權聲明，對於美國政府要求幫忙取得鎖在蘋果裝置裏的資料，蘋果就拒絕了十幾次。連其中一樣裝置是為恐怖分子所有也一樣，我要為此替他們鼓掌。

不過，說到在民眾的隱私和赤裸裸的利潤間選擇，蘋果就表現得比較遜色了。二〇一八年二月，為了遵循中國的新資料法，屬於中國 iCloud 用戶的資料，全數移到為中國政府所有的公司伺服器上，蘋果服務的條款和條件則修改成允許該公司取得資料。

這並不是蘋果頭一次向中國的壓力低頭，二〇一七年，可讓用戶連上中國所禁網站的虛擬私人網路（Virtual Private Network，ＶＰＮ）軟體從該國的 App Store 中遭到移除。為了續存在這個非常有價值的市場上，蘋果顯然是會屈從於中國政府的壓力。相較之下，谷歌則是多次抗拒中國企圖審查他們的搜尋結果。因此，谷歌多被擋在中國市場外。不同於蘋果，谷歌力抗中國，並把原則擺在獲利之前，應該要獲得掌聲。

社會信用評分

對於我們在二〇六二年時的隱私，最令人關切的預警，或許就是在中國所發展出的社會信用評分系統（social credit scoring system）。到二〇二〇年時，中國打算把公司和公民的既有線上資訊全部蒐集在一處，然後據此來打分數，以評量他們有多「守信」。目標則是要「獎賞守信，懲戒失信……〔使〕誠信成為通行的社會價值」。[16] 辦法的正式文件中所提供的具體細節寥寥可數，但是，一旦「失信」就會受到懲罰，就業、旅行、住房和銀行往來都會遭到限制。

現在所推行的試點實施消弭不了該辦法所引發的關切。最顯而易見的試點案之一就是芝麻信用，由阿里巴巴所執行的信用評分辦法。亞馬遜有三億一千萬個顧客帳戶，阿里巴巴則更大，有將近五億個月用戶。中國所有的零售銷售有超過一一％是由它來處理。芝麻信用的分數是怎麼計算，細節是祕密。但它納入考慮的因素有五個：用阿里巴巴的行動與線上支付平台支付寶來購物，個人資訊，及時繳交帳款，及時繳交信用卡費，以及朋友。最好不要有失信的朋友！

到現在為止，該辦法都是胡蘿蔔多過棍子。例如分數高的人在預訂飯店房間和租用單車時可以不用押金。他們一度可以在北京機場走通關專用道。而且中國最大的媒合服務會推銷信用分數高的人。不過，中國宣布了從二〇一八年五月起，信用分數低的人將禁搭火車和飛機。這套系統遭到濫用的可能性很大，而且中國當然不是人權紀錄良好的國家。[17]

後史諾登

中國並不是唯一令人擔心的國家。二〇一三年時，史諾登揭露了眾多全球監控計畫的存在，是由美國、澳洲、加拿大、紐西蘭和英國的情報機關所執行。電子郵件、即時通訊以及有線和行動電話的交談全數遭到了竊聽。目標則很模糊：「全數蒐集」、「全數處理」、「全數利用」。而且遭到鎖定的不只是我們的敵人，各國在從事監控時，守法的公民也被抓進了這張巨大的拖網裏。不令人訝異的是，有人火大了。這種一網打盡的監控很可能違反了美國憲法的第四修正案所禁止的不合理搜索和扣押，而且任何搜索票都必須經過合理根據在司法上予以認可和支持。

儘管如此，我還是無法了解，對於自己的電子郵件遭到讀取，為什麼會有這麼多人表示訝異。電子郵件是最容易攔截的通訊形式。電子郵件已經可由機器讀取。不像是電話交談，它並不需要轉譯。監控未加密的電子郵件太容易也太誘人，各國都抗拒不了。

遺憾的是，人工智慧只會使各國更容易去監控公民。語音辨識演算法可以同時聽取數百萬通電話。電腦視覺演算法可以同時觀看數百萬個閉路電視畫面。處理自然語言的演算法則能同時讀取數百萬封電子郵件。

歐洲領先

歐洲為二〇六二年的隱私帶來了一線希望。二〇一八年五月，《一般資料保護規範》（*General Data Protection Regulation*，GDPR）法案在全歐洲生效。法案的主要目標是要讓歐洲公民掌控自己的個人資料。它使他們在本身的資料上握有一些基本權利，像是取用和抹消權。

在討論隱私時，最相關的地方或許是關乎獲悉解釋權。當人工智慧自動決定時，法案說我們有權獲悉「所涉邏輯的有意義資訊，以及此等處理的意涵與設想後果」。我們還必須觀察，法院會怎麼詮釋這點。但對於人工智慧程式是如何形成決定，它或許會確保歐洲公民得到有用的解釋，以及能退出任何類似的決策。

在取得同意去蒐集和運用你的資料時，《一般資料保護規範》禁止公司使用冗長、難懂且充滿「法律術語」的條款和條件。同意必須清楚且可從其他事項中分辨出來，並使用清楚而淺顯的語言，以明瞭與容易取用的形式來提供。撤銷同意時也必須跟給予時一樣容易。

遵循法案的誘因很大。對於違反《一般資料保護規範》的組織，可罰到全球年營業額的四％或兩千億歐元（看何者較高）。我們還必須觀察這些規範的衝擊，但在幫助民眾維護資料的隱私上，它看起來像是滿好的第一步。

資料所有權

在維護隱私所需要的改變上，《一般資料保護規範》只是個開端。臉書之類的公司怎麼可以幾乎不產出內容，卻把它全數納為己有？假如我們的資料為本身所有，並且要表明有誰能用，世界不就會是公平許多的地方嗎？而且假如這是權利，而不是「退出」呢？

在二〇一八年的世界行動通訊大會（Mobile World Congress）中，IBM華生的技術長羅布・海伊（Rob High）告訴科技共和國（TechRepublic）的記者：「一如任何的新科技，現在來思考要怎麼把這點做得符合倫理又負責真的很重要。對我們來說，這歸結起來就是三條基本原則。信任、尊重和隱私……當然，隱私歸結起來就是要體認到，你的資料就是我們的資料。」[18]

他說的話讓人聽不下去！「你的資料就是我們的資料」？並不是。你的資料並不是IBM的資料。或許是失言，但海伊的發言貼切總結了科技業的優越感。它很可能會需要監管，但到二〇六二年時，你的資料需要全面受到認可為你的資料。

人工智慧療法

如同在其他許多領域中的情況，人工智慧不僅是問題的一部分，也是任何解法中可能很重大的一部分。人工智慧有若干方式可以幫忙**維護**隱私。要保有隱私，最安穩的方式之一，就是不讓你的資料脫離你的掌握。

到二〇六二年時，我們的裝置將有足夠的運算效能，使運算在上面進行即可。智慧手機將聰明到足以辨識你的言談，了解你的要求，而不用仰賴谷歌或雲端上的其他任何服務。你的健康監控器將不必跟 FitBit 或其他任何人共享你的生命統計數據。它會追蹤你的心跳，並自行辨認出你什麼時候需要看醫生。到二〇六二年時，我們的裝置裏全都會有人工智慧隱私和安全助理坐鎮。它們的僅有職責就是保護你的隱私，並捍衛你的安全。它們將監控所有的進出資料，每當你的隱私或安全受到威脅時就會介入。

在守護我們的隱私上，其他科技也將有所貢獻。例如量子加密（quantum cryptography）將司空見慣，使我們的資料更加安全。而且差分隱私（differential privacy；譯按：藉由打亂個體用戶的數據，使任何人都無法以此追蹤到特定用戶，但又可讓機構成批分析數據，以獲知整體趨勢）之類的科技將趨於成熟，好讓我們為了公益來和社會上的其他人共享資料，但又不用放棄本身的隱私。數位人所擁有的隱私可能會遠多於智人。只要我們選擇得宜，隱私就不會是歷史上的異常。它將是科技所賦予的權利。

第九章
政治的末日

最需要隱私的一個領域就是政治，我們需要私密空間來讓我們能探討既有現狀的替代方案，但就算成功利用人工智慧和其他的新科技來保有隱私，二〇六二年的政治看起來也會和現在非常不同。而且它不見得是「比較好」的不同，就看我們的選擇了。

對於科技、尤其是社群媒體是如何開始普遍改變了政治的相關辯論，我們在過去十年間已看到若干例子。首先，它看起來挺正面。網際網路讓我們以新的方式與其他人連結，並使許多人首次有了發聲管道。

二〇一一年，這股正面的潛能就有過不錯的預演。當時以「我們全都是卡利・薩依德」（We Are All Khaled Saeed）為標題的匿名臉書頁面開啟了埃及的革命，卡利・穆罕默德・薩依德（Khaled

Mohamed Saeed）是埃及的年輕男子，二〇一〇年六月，在遭到警方拘留在亞歷山卓（Alexandria）時遇害。關於他死於非命的臉書頁面受到瘋傳，追蹤者很快就超過了十萬人。頁面上首次發出呼籲，要埃及人在表揚埃及警察的國定假日一月二十五日去抗議。有數萬人走上了街頭。示威後又過了十七天，有數十萬個抗議人士在開羅和埃及的其他城市遊行，副總統歐瑪．蘇雷曼（Omar Suleiman）宣布，胡斯尼．穆巴拉克（Hosni Mubarak）將辭任總統。

其他形式的社群媒體也在起義中扮演了關鍵角色。有一位抗議人士法瓦茲．拉希德（Fawaz Rashed）推文說：

> 我們是用臉書排定抗議的時間，用推特協調，用 YouTube 告知世界。#埃及#一月二十五日。

有很多人開始把社群媒體視為改變政治的強大與正面力道，能大聲說話的不是只有握有權力、位居層峰的人：任何有網路連線的人，現在都能觸及廣大受眾。

科技與政治

當然，新的通訊科技常是為了政治目的而納編；打從十六世紀起，印刷機就是用來生產政治文集的工具。湯瑪斯・潘恩（Thomas Paine）在一七七六年的文集《常識》（*Common Sense*）裏，提出了支持美國獨立的主張，幫忙把殖民地團結在獨立的觀念下；它是公認最重要的美國革命著作。

到了比較近期，收音機則把政治人物帶進了民眾的客廳。在第二次世界大戰期間，邱吉爾（Winston Churchill）寫下並發表過許多令人難忘的演說，幫忙鼓舞了同盟國的最終勝利。其中一場最令人難忘的就是在敦克爾克（Dunkirk）戰敗後，他在一九四〇年六月四日對下議院的演說。在國人預期納粹隨時會侵入之際，邱吉爾的言語帶來了勇氣：「我們將在海洋上作戰，我們將帶著增強的信心與增強的力量在空中作戰，我們將捍衛本島，不惜一切可能的代價……我們絕不投降！」[1] 誰能不受到邱吉爾著名的抑揚頓挫演說所撼動？

而在現今的政治中，沒有電視則是不可想像。時任美國參議員的約翰・甘迺迪（John F. Kennedy，JFK）和美國副總統的尼克森（Richard Nixon），在一九六〇年的首場電視總統辯論中，使尼克森的機會化為了烏有，並幫忙把甘迺迪拱上了總統寶座。

假新聞

隨著許多人現在所得知的新聞有很多都是來自社群媒體，最令人關切的現象之一就是假新聞（fake news），新的通訊科技衝擊政治，這樣的影響其實並不讓人訝異。川普（Donald Trump）在當選美國總統之後，臉書的創辦人兼執行長佐克伯起初否認假新聞扮演了任何角色：「臉書上的假新聞是非常少量的內容，我個人認為，它在任何一方面影響了大選的想法是相當瘋狂的想法，」他說，「選民都是依照他們的親身經驗來決定。」[2]

隨著相反的證據逐步浮現（還有些人把網站改名為「假書」〔Fakebook〕），佐克伯在二〇一七年二月時改口發布了六千字的聲明，接受臉書要負起一些責任。而為了因應假新聞，他所提出主要的解決方式之一就是人工智慧。有鑑於貼文的量大，他主張臉書如果要以遍及全球的規模來過濾內容，唯一的希望就是靠智慧演算法（intelligent algorithms）。

臉書企圖以人類的事實查核員來應付假新聞，到目前為止所產生的衝擊非常有限。人工智慧或許會如佐克伯所希望，有助於識別假新聞，但很可能也會使問題惡化，與識別假新聞類似的演算法就能產出假新聞。而且隨著這些產出假新聞的演算法變得更聰明，要分辨真新聞和假新聞就會愈來愈難。終究來說，真相將是這場戰爭的受害者。

臉書並非唯一招致批評的科技公司，YouTube和推特也遭到指控為扭曲了政治辯論。但對於本身在改變選舉上的威力，臉書多年來都有所覺知。當有人談到它的創辦人兼執行長會是未來的美國總統時，這點尤其令人擔心。

臉書都知道

二〇一〇年時，臉書和加州大學聖地牙哥分校的研究人員在美國的期中選舉期間，針對六千一百萬位不知情的美國大眾做了實驗。我們知道這件事是因為，研究人員在兩年後把結果發布在權威的科學期刊《自然》（*Nature*）上，[3] 實驗的目標在表面上很崇高：要增進選民的參與度。所做的實驗是針對所有年齡在十八歲以上的美國民眾，並且在二〇一〇年十一月二日的投票當天有使用臉書。用戶被區分成隨機選擇的三組。一組所看到的訊息是「今天是投票日」；另一組所看到的訊息一樣，並加上了一些縮圖是投完票的朋友說「我投完票了」；第三組則是什麼都看不到。研究人員的結果顯示，他們的介入所增進的投票數大概是多了三十四萬票。這在總投票數當中約莫占了〇．五%。臉書的實驗並不是設計來改變結局；它純粹是設計來增進參與度。尤其是，它鼓勵用戶去投票的方式並未帶有偏見。三組不同的用戶完全是隨機選擇而來。這樣能有什麼錯？

唔，我們來想想佛蒙特州眾議院的溫莎——奧蘭治（Windsor-Orange）一區，該區在二〇一〇年的選舉是以一票之差來底定，佛蒙特州眾議院的拉特蘭（Rutland）五之四區在二〇一〇年的選舉結局也是以一票之差來底定。兩場選舉都是由女性民主黨員選贏所對決的男性共和黨候選人，在這樣緊繃的選戰中，臉書的實驗就可能很要緊。

暫且假定在二〇一〇年時，臉書在佛蒙特州的人口結構比佛蒙特州本身的投票人口要年輕，女性也較多。這並非不合理的假設：臉書最吸引的就是年紀在十八到二十九歲的成年女性。現在假定，佛蒙特州較年輕的女性比較可能把票投給女性的民主黨候選人，而不是男性的共和黨員。又是一樣，這並非不合理的假設。所以說由此可見，增進臉書用戶在佛蒙特州的選民參與度，可能很容易就為民主黨員多拉到一、兩票。在這些選舉廝殺得這麼激烈，這必然可能會改變結局，使共和黨員在望的勝利變成了實際上所發生的由民主黨員獲勝。

對於這件事可能會發生，舉辦實驗的研究人員應該並不訝異。二〇一〇年十一月二日舉行了數千場不同的選舉，其中一些選區的選情必定難分軒輊。確切來說，佛蒙特州是比較可能看到選情緊繃結果的地方之一。佛蒙特州眾議院是相對小的選區，使它比較容易出現拉鋸的結果。一九七七、一九八六和二〇一六年時，佛蒙特州眾議院有別的區也是以一票之差來底定。

在二〇一二年的美國大選中，臉書再次舉辦了增進選民參與度的實驗。這些實驗較少人知道，因為它們並沒有寫成科學論文。臉書宣稱，他們是隨機挑出選民，並沒有聚焦於特定的群體。[4]但再說一次，臉書並不是人口結構平衡的美國選區樣本。針對隨機的臉書用戶來舉辦實驗很可能又衝擊到了二〇一二年的結果。[5]

鎖定式宣傳

在二〇一〇和二〇一二年的選舉中，臉書增進選民參與度的實驗是全面式宣傳，他們所接觸的數百萬個選民都是隨機選出。比較令人擔心的或許是，社群媒體可以用非常少的成本，以非常集中的方式來鎖定小群體。而且眾所皆知已有一段時間的是，臉書能把這點做得非常好。

二〇一一年三月時，數位廣告公司 Chong & Koster 所舉辦的線上政治宣傳，拿下了美國政治顧問協會（American Association of Political Consultants）的新科技最佳運用獎。該宣傳進行了兩個月，從二〇一〇年九月開始。它是限定在佛羅里達人口最密集的兩個郡——戴德（Dade）和布勞沃德（Broward）。這兩郡的人口加起來有四百二十萬人。這場臉書宣傳的目標，是要否決允許佛羅里達的公立學校採行大班制的投票提議。宣傳是聚焦於最可能關切提議的群體，像是家長和教育人員。選後民調顯示，在有播臉書廣告和沒播的地區，民眾的投票取向差了一九％。廣告投放地區的那些民眾對提議投下反對票的可能性則是高了一七％。

該宣傳便宜得不得了。把同樣的金額花在郵寄宣傳上，所觸及的選民還不到二十萬。為了加以比較，臉書上的數位廣告在佛羅里達關鍵地區的民眾當中所達到的曝光量是七千五百萬次，這些地區的平均臉書用戶則是每天看到鎖定式廣告五次。或許不令人訝異的是，提議被打了回票。對於數位廣告公司在操控選票上的聚焦能力，臉書很快就察覺到了。二〇一一年八月時，臉書的政府與政治（Government and Politics）官方頁面以熱切的措辭討論了這場宣傳，結論是：「Chong & Koster 相信，把臉書當成市場研究工具和廣告飽和度平台的策略，在任何政治宣傳中都能用來改變民意。該公司已把模式應用到了其他宣傳上。」[6]這句話講得再清楚不過了。臉書在**任何**政治宣傳中都能用來改變民意，這些宣稱依舊在臉書線上的政府與政治頁面中。

現在有公司把利用高度鎖定式廣告，來影響選民打造成了有利可圖卻引來非議的生意，所依據的資料則是以可疑的方式擷取自社群媒體和其他來源。有一家這樣的公司在二〇一八年初備受矚目，那就是劍橋分析（Cambridge Analytica）。公眾對該公司的關切是聚焦於，它是如何在美國選民不知情之下，透過臉書的調查來取得他們的個人資訊。資料很重要，但它事實上只是方程式的一部分。

劍橋分析之類的公司並非依照簡單的關鍵字來鎖定受眾，而是以精密的選民性格模式來運用鎖定式政治訊息。令人震驚的是，劍橋分析宣稱：

> 在超過兩億三千萬人的美國選民中，靠著多達五千個資料點，我們會建構出為您量身打造的鎖定受眾，然後用這些決定性的資訊來吸引、說服和激發他們去行動……靠著對您的

> 選區無比了解，我們將抓出選民來把風向轉變成對您有利，發揮創意來與他們打交道，並驅使他們來到投票箱前。[7]

假如你做點算術，劍橋分析在美國選民中的資料點（data points）約莫有一兆個。這麼充沛的資訊使該公司有空前的本領來抓出游離選民。當然，政治宣傳的各方都能利用這樣的科技來嘗試把投票導引成對你有利。但這要付出實際上的代價：選區分裂與兩極化。

臉書的創辦人說，他想要把世界拉在一起，[8] 可是販賣鎖定少數群體的政治廣告給了民眾權力來做正好相反的事：分裂社群，使世界更加撕裂。

對於把世界兩極化，臉書到目前為止都是非常活躍的一員。在英國廣播公司（BBC）二〇一七年的影片中，川普陣營的「數位大師」泰瑞莎．洪（Theresa Hong）描述臉書如何幫忙鎖定選民。[9] 她辨認出劍橋分析在聖安東尼奧辦公室裏的桌子，派來的臉書員工就坐在那裏幫忙劍橋分析鎖定游離選民，「當你對這些平台挹注了數以百萬計的美元，你就會得到白人俱樂部的待遇，」她告訴英國廣播公司，「要是沒有臉書，我們就不會贏。我是說，臉書真真正正幫我們翻轉了劣勢。」

假如我們不當心，二〇六二年的政治就會由這樣的科技來決定。從社群媒體和其他地方進行資料探勘得出的巨量資料（big data；按：另譯為大數據），將遭到握有最聰明演算法的人用來獲取權力和影響力。像川普這種黑馬人物當上了美國總統，或者像英國脫歐（Brexit）這種分裂的結局，或許只是起步。

造假機器人

不是只有臉書在改變政治論述的本質。其他社群媒體網站的影響力也很大。衝擊力尤其大的當屬推特（Twitter），它的威力大到甚至有人呼籲把川普總統從平台上給禁掉。[10] 其實在推特上掀起一些最大效應的並不是人類，而是電腦。

川普在推特上的追蹤者約莫有四千八百萬人。不過，其中據估計有約莫一千四百萬人是假的。《紐約時報》的人數也類似：它的追蹤者有四千一百萬人，其中據估計有一千一百萬人是假的。有趣的是，教宗方濟各（Pope Francis）比川普和《紐約時報》都要慘得多。教宗的追蹤者有一千七百萬人，其中有超過半數的近一千萬人是假的。更慘的是，俄羅斯總統普丁的追蹤者有將近兩百五十萬人，但其中有約莫六成也就是一百五十萬人是假的。[11]

這些「造假機器人」（fake bots）有一個危險在於，到二〇六二年時，人類將難以從一片的電腦聲浪中浮現出來。確切來說，造假機器人已經產生衝擊。二〇一七年時，美國聯邦通訊委員會（Federal Communications Commission，ＦＣＣ）針對引起非議的網路中立議題來徵求留言。這個觀念是，對網際網路上的所有資料都該一視同仁。你不能規定，寄送你的電子郵件要比上傳我的YouTube視訊或傳送別人的WhatsApp交談優先。聯邦通訊委員會收到了二千二百萬則談網路中立的留言，有超過八成是來自機器人。[12]發出留言的真人一面倒支持網路中立；而或許不令人訝異的是，發出留言的機器人多半反對網路中立（net neutrality）。[13]

不過，我倒是要對有一種造假機器人鼓鼓掌。紐西蘭的網路安全業者網安（Netsafe）打造了名為Re:scam（回覆詐騙）的造假聊天機器人。你在任何時候收到了奈及利亞詐騙分子的電子郵件，就該把它轉寄到me@rescam.org。然後聊天機器人就會接手來替你回覆詐騙分子，想盡辦法浪費他們的時間。

在人工智慧史上，電腦假扮人類很久了。確切來說，在圖靈測試（按：判斷機器能否思考的實驗）中，電腦能不能說是會思考，就必須以仿效人類來證明。我們則是天天被要求填寫CAPTCHA（驗證碼）測試，以證明自己的確是人類。

但隨著人工智慧變得更能幹，要區分電腦和人類就會愈來愈難。事實上，我們已經靠著川普逐漸接近那一刻了。麻省理工學院電腦科學暨人工智慧實驗室（MIT's Computer Science and Artificial Intelligence Laboratory，MIT CSAIL）的研究員布雷德利．海斯（Bradley Hayes），利用機器學習打造了名為@DeepDrumpf的推特機器人。[14]他是拿川普發言的文字稿來訓練它，它現在推文就很神似總統本人：

二〇一七年一月二十日
（我們將得到上帝保護。）健保並不會讓我們贏。我們負擔不起。事情非常簡單。歐記健保（Obamacare，歐巴馬健保）就是災難。＃就職典禮

二〇一七年一月二十日
現在，這樣就不會誤解了，我的本意並不是要把政府廢掉。這毋寧會使它變得一團糟。

二〇一六年九月二十六日
回覆 @joss
（說謊），我是說他們有被起訴嗎？有誰做了什麼嗎？它會把我送進橢圓辦公室。@joss
@民主黨員 ＃辯論 ＃辯論之夜

假政治人物

@DeepDrumpf或許並沒有說服你？不過，二〇六二年，你就會分辨不出假的跟真的政治人

物。你也會區分不了真發言的人類政治人物與假發言的政治人物。我們已經知道，照片不可信。Photoshop之類的軟體輕易就能在照片裏把人加入或刪除。對於任何錄音或錄影，你很快也會不能信賴了。

二〇一六年時，奧多比（Adobe）預先展示了編輯和產出音訊的軟體Voco。它號稱是「語音的Photoshop」。在人的發言底下，Voco會秀出文字稿，你只要把它剪下貼上即可。要更改政治人物的言詞再容易不過了。CandyVoice和Lyrebird之類的其他公司，也在加緊開發類似的軟體工具。

視訊將踏上類似的路，替視訊裏的身體貼上新臉的軟體已經存在了，你很快就能把一整個人置入畫面。而且它不單是能操控既有視訊的軟體；有朝一日，我們將有軟體能創造出跟真的視訊區分不出來的全人造畫面。

二〇六二年，你再也不能相信自己所看到或聽到的任何事，除非是親臨現場。遺憾的是，不擇手段的政治人物將充分利用這些新工具。有任何真的音訊或視訊踢爆並使他們難堪時，他們就會否認它的真實性，真相注定會是非常容易置換的概念。

第四權

報刊等大眾媒體最重要的職責之一，就是披露真相、揭發貪腐和謊言，以及逼迫政治人物誠實。二〇六二年，大眾媒體要盡到這項基本且必要的職責會很吃力，與假新聞作戰八成是輸定了。

網際網路是對新聞實務的三重打擊。第一擊是廣告收入流失。報紙替新聞業所賺的錢有部分是分類和展示型廣告所帶來的收入。不過，谷歌和臉書之類的公司把這筆營收偷走了不少。同樣地，廣播電台和電視把很多的廣告收入都拱手讓給了網路。二〇一七年時，美國的數位廣告費用首度超越了花在電視廣告上的錢。

第二擊是內容消費的收入減少。隨著公眾開始預期內容會免費送上網，報紙便拱手讓出了收入。以往會買日報的人有很多再也不這麼做了。有些新聞通路已用數位訂閱來取代這筆收入流，像是《紐約時報》，但有很多並沒有。

在美國，日報的平日發行量少了近半，從一九七〇年超過六千三百萬份降至二〇一六年不到三千五百萬份，類似的衰減在別的國家也有觀察到；在英國，《每日鏡報》（*Daily Mirror*）的讀者在過去十年間少了一半，《衛報》（*Guardian*）和《每日電訊報》（*Daily Telegraph*）則是面臨讀者減少約二五％。在此同時，電視台把很大一塊觀眾都拱手讓給了線上和串流服務。舉例來說，美國無線電視有賺頭的十八到二十四歲收視群，在過去五年間便少了近半，廣告經費則跟著這些收視戶從電視流向了數位服務。

第三擊是記者人數減少，因為媒體公司削減成本因應收入衰減，人工智慧演算法日益被用來取代人類記者。這些演算法固然可能很擅長寫短篇報導，卻無法生產出長篇或調查式報導。

這些收入有一線回歸的希望。網路大廠正面臨有增無減的呼籲是，要它們為旗下平台所使用的新聞內容付費。而且歐盟之類的單位正在考慮，要怎麼讓科技公司為旗下網站所刊登的數百萬則新聞報導和鏈結付費。假如要讓第四權發揮功能來制衡政治人物，這些課題必須遠早於二〇六二年之前解決。

佐克伯總統

到二〇六二年時，科技公司的領導者將是重要的政治人物。臉書創辦人佐克伯在二〇一七年宣布，他的新年挑戰是「要拜訪和會見美國每一州的民眾」。接著他聘請了希拉蕊・柯林頓（Hillary Clinton）在競選總統時的策略長。他還拿到了法人登記執照，好讓臉書變更成為允許他擔任公職。不令人訝異的是，有很多評論員都在問，我們是不是有朝一日可能會看到佐克伯總統。

佐克伯出生於紐約州的白原（White Plains），所以就像其他任何在本國出生的美國公民一樣，具有各項競選總統的權利。儘管如此，對於像佐克伯這樣的人來角逐高層公職，有許多人都曾表達關切。進出像臉書這樣的平台毫無限制，候選人在選舉時就會得到巨大的優勢。我們到頭來所想要的世界，會是政治人物選贏靠的不是有最好的理念，而是擁有最多的資料、數據和最好的演算法嗎？對於角逐職位的候選人能收受什麼以及花什麼錢，大部分的國家都有設限。類似的規定是在防止只有錢最多的人才贏得了選舉。二〇六二年，我們將需要類似的法令來限制把資料和演算法運用在選舉中。

我們或許還需要法令來限制遊說的影響力。近年來，科技公司已從不涉足華府變成了一些最大的說客。根據聯邦紀錄，二〇一七年，谷歌在遊說上花了一千八百萬美元，比其他任何一家公司都要多。臉書以一千一百五十萬美元稍稍落後，亞馬遜是一千兩百八十萬美元，微軟是八百五十萬美元，蘋果是七百萬美元。除了微軟以外，這些公司各自都比二〇一六年多花了兩、三百萬美元在遊說上。

政治選擇

文學評論家羅蘭・巴特（Roland Barthes）曾表示，科技帶有神話色彩。我們十之八九會把科技當成有如神賜，是宇宙自然秩序的一部分。我們會忘記，它是特定政治與歷史脈絡的產物。科技並非不可避免：它是我們所選擇來的東西。

以電視來說，英國廣播公司成立時，英國政府決定要走公益路線，由稅金來資助，而不是由商業利益來付費（進而主導）。這是選擇。我相信它是好的選擇。我們在七十年前也可能會決定，電視是太過浮誇的政治媒介。想像一下，假如不是透過電視上的訪問片段來進行，政治辯論會好上多少？假如政治還是透過報紙上的嚴肅報導和公共集會來進行呢？

二〇六二年，我們可能會決定，政治廣告應該要從社群媒體上禁掉。或者政黨訊息應該要只准廣播（broadcast），不准窄播（narrowcast）。或者政治機器人應該要從推特上禁掉，或是全面從網路上禁掉。在一九九八年所發表的不凡演說中，人文學者尼爾．波茲曼（Neil Postman）說：

> 看待科技的最佳方式就是把它當成陌生的闖入者，要記得科技並不是上蒼計畫的一部分，而是人類創意與自傲的產物。它為善或為惡的本領端看在人類的覺知中，它會為我們和對我們做什麼。[15]

波茲曼說得對，科技是陌生的闖入者，我們不需要在生活的每個面向全都把它請進門。對於要怎麼在政治上導入人工智慧，我們需要做一些困難的選擇，這樣到二〇六二年，它才會改善而不是危害到政治辯論。對於我們會做出恰當的選擇，我懷抱著一線希望，因為我們已變得有所覺知，它很有可能會遭到濫用。

第十章 西方的末日

二〇一八年開年時，世界上市值最高的四家公司全都是科技公司：蘋果、字母（谷歌的母公司）、微軟、亞馬遜，軟體確確實實開始吞沒世界了。[1] 世界各地的搜尋查詢，每九筆就有八筆是由谷歌來回答。要不是谷歌形同遭到中國封鎖，這個結果會更猛；另外三家科技大型企業則是在本身的地盤上稱霸。在這個星球上，每個月都有四分之一的人在使用臉書。在這個星球上，所有的筆記型和桌上型電腦有超過八成都是使用微軟所提供的作業系統。在美國，有將近半數的電子商務是透過亞馬遜完成交易。

因此，你可能會猜說，這四家公司注定會在二〇六二年全面攻占我們的生活，就如同現今在我們的線上生活中稱霸。但現今的科技公司正開始面臨一些真正的競爭。而且它並非來自一些令人驚嘆、由人工智慧所驅動的新創公司。四家科技公司領導者，無論是要買下或扼殺任何一家年輕的新創公司都太容易了。不，競爭是來自中國，像是阿里巴巴、百度和騰訊之類的科技公司，誕生自受到保護的中國市場，然而，現在迅速創新中。

阿里巴巴集團在二〇一七年所宣布的計畫是，在接下來的三年要各投資超過五十億美元研發，所聚焦的領域包括：人工智慧、物聯網和量子運算。百度在二〇一八年為旗下有如網飛（Netflix）的服務申辦了首次公開發行，預計會募集到約一百億美元，收益將用來資助人工智慧的研發。騰訊則是於二〇一六年在深圳成立了近四百人的人工智慧實驗室，並把公司的部分策略焦點擺在人工智慧上。

就算對人工智慧沒有這樣的投資，中國的科技公司的規模也很可觀。阿里巴巴是中國最大的線上零售業者，它目前值五千億美元以上。相較於此，亞馬遜的市值約莫是七千五百億美元。不過，阿里巴巴成長得比亞馬遜快。從二〇一二年到二〇一六年，亞馬遜的營業額是翻倍，但阿里巴巴卻是翻了兩倍以上。因此我們可以預期，阿里巴巴將使它的美國對手相形失色。至於百度，它是中國最大的搜尋引擎，以及全球流量第四大的網站。騰訊則是擁有在中國稱霸的社交平台微信，該公司的市值約為五千億美元，與臉書的計算值只有些微之差。

史普尼克時刻

一九五七年的十月四日，蘇聯發射了史普尼克號（Sputnik），是第一顆進入低空地球軌道的人造衛星。它的可觀之處並不多：簡單的拋光金屬球體，直徑約莫兩英尺。而且它所能做的事非常少，不外乎就是從四根對外的無線電天線來廣播簡單的無線電脈衝。但它讓美國警醒到了俄羅斯在技術造詣上的威脅，並展開了登月競賽。

在打造人工智慧的競賽中，DeepMind 在圍棋賽局裏對上專家人類棋手的兩場勝利，看起來注定會是「史普尼克時刻」。在這個案例中，警醒的不是美國，而是東方。所發動的也不是登月競賽，而是打造人工智慧的競賽。

南韓的李世乭在二〇一六年三月遭到 AlphaGo 擊敗後不久，該國政府就設立了一兆韓圜（約八億六千三百萬美元）的基金，以便在接下來的五年研究人工智慧。不過，更重大的或許是中國巨人在一年後的警醒。AlphaGo 在二〇一七年取勝中國的柯潔後，中國政府宣布了野心勃勃的計畫，要在人工智慧上領先世界。中國的計畫估計到二〇三〇年，人工智慧將對工業產出直接貢獻一兆人民幣(約一千五百零八億美元)，並透過相關產業間接貢獻十兆人民幣(約一兆五千億美元)。

AlphaGo 的勝利令人大為「譁然」，使中國當局禁掉了棋局直播。圍棋在中國具有特殊的重要性，是兩千多年前在中國發明，連同琴（弦樂器）、書（書法）、畫（國畫），被視為貴族所要精通的四項必備技藝之一。所以，機器以圍棋打敗在這個領域最強的人類讓人感到震撼，有這種反應並不令人訝異。

中國的計畫

二〇一七年七月時，就在柯潔落敗的兩個月後，中國國務院發布《新一代人工智慧發展規畫》。規畫中對於該國的野心幾無遮掩，那就是要用人工智慧在經濟和軍事上稱霸世界。就像習近平主席在二〇一七年十月向第十九次黨代表大會所報告，中國是要瞄準成為「科技強國」。但國務院的規畫不單是尋求在經濟和軍事上稱霸；它所描述的野心還有利用人工智慧來掌控中國本身的老百姓。人工智慧「將顯著提高社會治理的能力和水平，對有效維護社會穩定具有不可替代的作用」。

規畫的其他部分則比較不麻煩。確切來說，有些地方還要鼓鼓掌，像是它所呼籲的智慧化環保和智慧化公共安全預警體系。同樣地，很高興看到規畫中要「加強人工智慧相關法律、倫理和社會問題研究，建立保障人工智慧健康發展的法律法規和倫理道德框架」。

國務院的初步目標是要讓中國到二〇二〇年時，在人工智慧上具有全球競爭力。如我在稍後的內容中所主張，有若干的指標顯示，中國將提前進度來達到這點。規畫中也呼籲，中國到二〇二五年時要在人工智慧的基本理論上有重大突破，到二〇三〇年要在人工智慧領域稱霸世界。我有把握，中國的這些野心會成功。就算目標沒有全盤命中，到二〇六二年必定也會達成，屆時中國在經濟和軍事上很可能都會稱霸世界。

在過往的幾十年當中，中國不尋常地把極權主義和強力監管的資本主義加以融合，所獲致的成長比西方的任何經濟體都要好。中國的國內生產毛額在一九九八年後的六年的二〇〇四年翻了一倍，接下來六年後的二〇一〇年翻了兩倍，六年後的二〇一六年又翻了近一倍。相較之下，在這些六年的時期中，美國的國內生產毛額則是各成長約三分之一。從一九九八到二〇一六的這十八年間，美國的國內生產毛額只翻了一倍，中國則是增長了十倍以上。

當然，中國是廣大的市場。它的人口將近有十四億人，是美國的四倍以上。這形成了美國和歐洲公司望塵莫及的規模經濟。舉例來說，中國顯然是世界上最大的智慧手機市場，約有七億五千萬支，這個數字差不多是美國的三倍和歐洲的兩倍。

中國在採用科技上也很迅速。二〇一六年，中國的行動支付金額翻了一倍以上，達到了超過五兆美元。依照預測，到五年後的二〇二一年，中國的電子支付將成長九倍至四十五兆美元，甚至現在中國有一些地方都不收現金了。為了持平看待這件事情，美國在二〇一六年的電子支付總額為一千一百二十億美元，比中國少了四十五倍。

在打造人工智慧的競賽中，中國還有其他的優勢，例如中國對隱私的態度較為「鬆散」。大型科技公司和中國官方要共享資訊，可以比在西方容易。如我們所見，中國的社會信用評分系統就是很好的例子。而且我們固然該擔心這點對人權的衝擊，但像這樣蒐集資料只會使中國在人工智慧的競賽中優勢大增。

在科學上稱霸

一九九九年，中國政府展開了大舉擴展大學招生數的計畫。光是在那年，進入大學的學生數就成長了近半。在接下來的十五年，學生數以迅速的步調成長，超過了二〇〇一年的美國；目前則是美國人數的兩倍多。二〇一六年，中國相當於每個星期都會興建將近一所的大學。

這些中國學生有很多都是念STEM的科目。世界經濟論壇報告說，二〇一六年，中國近期的STEM畢業生有四百七十萬人。相較於此，美國只有五十六萬八千人。二〇三〇年，預估在全球所有的STEM畢業生當中，相較於歐洲的區區八%和美國的四%，中國可能會占到四〇%以上。

除了在STEM方面訓練更多人，中國還大幅增加科學研究的支出。在過去十五年間，中國投入科學研究經費實質增加六倍以上，而美國和歐洲的經費只成長五成。在全球的總體研發費用中，中國現在就占了兩成。二〇二〇年，預估它注定會超車美國而成為最大的支出國。

到了比較近期，中國政府和中國企業已開始在人工智慧的研究大舉投資。在歷史上，中國都不是這個領域的主力。十年前，當地鮮少有人從事人工智慧的研究。二〇一三年，我還在主要國際人工智慧大會的理事會時，我們決定首度移師中國。我們的目標很簡單：幫忙啟動中國的人工智慧研究，並挖掘出中國所蘊含的巨大潛力。我們已經能看到潛力正在發揮。才過了短短四年，中國的研究人員在二〇一七年的大會上所發表的論文，就比美國和歐洲的科學家加起來還多。事實上，在全球所有的人工智慧研究論文中，中國的研究人員所寫的就超過了三分之一。

還有多項的度量衡顯示，在它自訂的截止期限二〇二〇年來臨前，中國就已趕上了西方。CB洞見（CB Insights；譯按：美國市調機構）報告說，中國使用關鍵字「深度學習」的專利公告數是美國的六倍，使用關鍵字「人工智慧」的則多了五倍。[2] 報告中還指出，全球在二〇一七年對人工智慧新創公司的總投資金額中，中國的人工智慧新創公司就占了四八%，首度超越美國。

美國的回應

從學門創立的早期，美國在人工智慧的研究領域稱霸。確切來說，「人工智慧」的說法就是在美國所發明，那是一九五六年在達特茅斯學院（Dartmouth College）的暑期工作坊。創立人工智慧學門的研究人員有很多就是在那裏首次見到面，並開始應付挑戰來建造會思考的機器。

所以說，在中國贏得人工智慧競賽的威脅下，美國端出反制計畫並不令人訝異。[3]事實上，在中國的計畫披露出來的將近一年前，美國在二〇一六年十月就公布非常扎實的計畫，而且美國計畫的目標有很多都反映在中國的計畫裏，要不看見都很難。

美國科技政策辦公室（Office of Science & Technology Policy，OSTP）是專門以科技對國內與國際事務的效應來向美國總統建言的政府部門，而美國的計畫是由它所編訂。報告所遵照的諮詢流程很周延，涵蓋了政府、大學、產業與公眾。

美國的計畫提出二十三項建議，其中包含了從開放政府和所屬資料來讓人工智慧善加利用，到把長期與基本的人工智慧研究列為優先。具體的行動也有，像是發展能兼容自主和駕駛型飛行器的自動化空中交通管理系統。計畫中呼籲，政府和產業在使用人工智慧型的工具時，都要透明而公平。最後，它呼籲要針對自主與半自主武器來擬訂通行政府的單一政策，以合乎國際人道法。

遺憾的是，美國計畫中的建議多半遭到了忽視。在報告發表的一個月後，川普贏得了總統大位。現在科技政策辦公室的編制人員約裁減了三分之二，續留的人大多缺乏任何科學背景。以美國總統關注科技政策的程度來說，相較於歐巴馬的熱衷，後任的川普顯得冷漠。科技政策辦公室主任在傳統上都是總統的首席科學顧問，但現在這個職位依舊懸缺。確切來說，連考慮中的提名人選都沒有。其他很多的科技角色也是懸缺，包括美國首席技術官和國防高等研究計畫署署長，看起來川普總統注定會葬送美國在科技政策的領導地位。

其他地方的計畫

對於中國的人工智慧計畫，其他國家也有所回應。在人工智慧的研究學門上，有許多人把英國視為發源地。寫出最早一篇科學論文來談建造智慧機器的人，當然就是英國數學家圖靈（Alan Turing）。[4] 而且英國現今持續是人工智慧研究的要角。舉例來說，谷歌的 DeepMind 就是創立自並持續在倫敦營運。

二〇一七年十一月，教授溫蒂．霍爾（Wendy Hall）和傑洛姆．佩森提（Jérôme Pesenti）發表英國政府的商業和文化大臣所委託的評論，談的是國家要如何扶植人工智慧相關產業。他們提出了十八項建議來改善資料的供給與技能，把人工智慧的研究極大化，以及支援對人工智慧的投入。英國政府為報告背書，在二〇一八年四月承諾，要投資十三億美元在人工智慧的研發上。在英國脫歐所形成的挑戰下，我希望這足以讓英國保有競爭力。

二〇二二年，預估印度的人口注定會比中國多，所以值得考慮的是，它可不可能對中國正在擴大的經濟稱霸造成威脅。在二〇一八年開年時，印度的財政部長在預算發言中宣布，政府的總理政策智庫將啟動全國性的人工智慧計畫。印度政府把數位印度（Digital India）計畫在二〇一八到二〇一九年所分配到的預算加倍到了三百零七億盧比（約四億零八百萬美元），以支持這項作為。看到印度留在競賽中固然是好事，但連接近五億美元也不足以獲勝。中國的天津市只是人口第四多的中國城市，二〇一七年，天津市宣布投入五十億美元的基金來支持人工智慧產業。就算這筆錢是要花上十來年，中國的單一城市所花的錢也比印度政府要多。

預計具備或正在擬訂人工智慧計畫的國家還有好幾個，加拿大對人工智慧的研究加碼了一億兩千五百萬美元。連當地不算少的人才都一併算上，這都不見得足以讓加拿大在競賽中挺住。法國的計畫更為積極，有十八．五億美元。而且歐盟正在擬訂本身的計畫，好讓歐洲在賽跑中挺住。不過隨著英國脫歐逼近，歐洲注定會失去它在學門中經營得最大與最成功的研究社群。這對歐洲或英國都不可能有幫助。

最後，我所來到的澳洲還沒有發布任何人工智慧計畫，實在很可惜，因為在人工智慧的研究上，澳洲一直有學術社群在以小搏大。澳洲也有非常健全的新創公司社群，正在機器人、金融服務、醫學和農業之類的領域中，把人工智慧付諸實行，希望澳洲所缺少的人工智慧計畫在不久的將來就會補上。[5]

新自由主義的末日

我曾宣稱，中國看起來注定會在人工智慧的競賽中獲勝，因為美國和其他各國似乎很可能會落敗。在接下來的十年中，谷歌和臉書之類的科技公司所遭到的反撲將會擴大，這會阻撓西方的成長，並讓中國進一步搶得先機。

前美國總統雷根（Ronald Reagan）和前英國首相柴契爾夫人（Margaret Thatcher），在一九八〇年代所開啟的新自由主義觀念，現已引領風騷幾十年，像是民營化、撙節、鬆綁監管、自由貿易和減少政府支出。這些政策在當時的許多時候固然帶動了經濟成長，但卻有個代價：經濟不安全與不平等的情形加劇。

二〇一七年九月，時任英國首相的梅伊（Theresa May）在對英國央行演說時表示：「就歷來所創造出的人類集體進步而言，最好的觸媒就是在恰當的規則與監管下經營的自由市場經濟。」她的談話內容有個非常重要條件，那就是市場需要在恰當的規則與監管下經營。沒有恰當的規則與監管，壟斷就會扭曲價格。沒有恰當的規則與監管，市場就不會對外部性計價，像是真正的環境成本。沒有恰當的規則與監管，市場就可能變得過熱而導致價格泡沫。沒有恰當的規則與監管，握有較多資訊的人就會占有不公平的優勢。

在限縮規則與監管下，新自由主義暴露出了市場型經濟內的這些根本問題。而且現今在經營上監管最少的市場有些就是以科技為主軸。因此，我們一定要更強勢去監管這些市場。假如西方在打造人工智慧的競賽中要跟上中國，我們就需要擁抱形式較為友善與監管較多的資本主義。

第十一章 末日

本書還沒有要畫下句點。我並不想只列出我們在二〇六二年可能面臨的挑戰，有很大一部分是由遠比我們要懂得思考的機器所形成的挑戰，數位人必須去解決的挑戰。以很可能會是我們最偉大的創作之一來說，那會是以太過悲觀的方式來為故事畫下句點。

不過，我們正屆臨人類歷史上的緊要關頭。連同科技變革的挑戰，我們所面臨的問題如野火四起——信手拈來就有全球氣候變遷、全球金融危機、全球難民問題。確切來說，有時候我們所面臨的似乎只有**全球**問題。而且我們在因應時沒什麼牌可打。假如我們的子孫要過上比我們好的日子，我們的先人在多年前所做過的事就是我們少數能做的事之一。我們需要擁抱科技變革，但我們需要謹慎為之，它才會把我們的生活改變得更好。

有很多人會犯的錯是，認為未來會固定不變，而且我們就是必須去適應，但是情況並非如此。未來是我們現今決定的產物。因此，我們可以選擇自己想要的未來。

我不會假裝知道什麼才是恰當的選擇。答案是什麼並非由我說了算，而是整個社會需要加以決定的事。儘管如此，我試著來列出一些我們可能會選擇拉下的控制桿。

對於我可以列出的控制桿有多少，各位或許會感到訝異，這好壞都有。為了確保二〇六二年的世界會比二〇一八年的世界要好，我們**能**做的事有很多。同樣地，為了確保這點，我們**必須**做的事也有很多。最重要的是，我堅信我們不能只是繼續讓科技公司來自我監管。

為了試著防止業界受到監管，科技公司做了一些孤注一擲的努力；其一是在二〇一六年的九月，成立人工智慧合作組織（Partnership on Artificial Intelligence）。[1] 不過，過去幾年間有太多的例子是，科技公司證實了我們不能信任它們會依照社會的最佳利益來行事。

我們不難看出為什麼需要對科技業加強監管，企業成為再也不充分合乎公益的老派機構。而且有鑑於新科技正對我們的生活產生顛覆性的效應，科技公司尤其會是個挑戰。

新法律

資料是需要監管的一個領域。舉例來說，新法律必須對蒐集和使用資料設限。帶頭的是歐洲的《一般資料保護規範》（*General Data Protection Regulation*，ＧＤＰＲ）。其他國家將需要以類似的立法來保護公民的隱私。但較好的資料保護法不該是終點；我們需要額外的法律來控管對資料的獲取和使用。

我們可能會考慮的法律是，從根本上來對資料的所有權設限。你的資料或許永遠都該是你的才對？我們可能會決定，除了你以外，你的心跳就不該容許為外人所有。你的ＤＮＡ密碼也該是你的才對，而不是企業可以買賣的東西，大部分的國家已有法律來防止器官等等的人體部位遭到販賣。我們或許需要類似的法律來防止數位自我遭到販賣，尤其是未經允許或無利可圖時。

我們甚至可能會考慮的立法是，資料只能為創造它的人所有。在像臉書這樣的平台上，這代表貼文、好友名單、訊息和活動將為用戶所有。如此一來，用戶就能把資料輸出到別的社群網絡。在這樣的世界裏，臉書將需要討用戶開心，否則就會失去他們。

還可能會有的法律是，對任何平台或公司在使用資料上設限的法規。或許該以九十天為限？也許是一年？但到了某個時候，用戶就必須有權針對個資要怎麼使用來重談條款，而且用戶永遠都該保有個資遺忘權。

除了與資料的獲取和使用有關的法律，我們也可能會選擇對套用在這些資料上的演算法加以監管。如我們所見，演算法不需要公平或透明，因此，我們可能必須堅持需要才行。而且在形成關乎民眾生命與自由的特定決策時，我們甚至可能需要徹底防止它使用演算法。

為了鼓勵創新，平台也可能必須對競爭對手開放。有些平台已變得太大，而使人無從競爭。因此，這類的平台**內**一定要有健全和競爭的生態系（ecosystem）。就如同很多州會確保公用事業公司是共用通往住家的管線，以藉此創造出（有時是人為的）商業市場，我們可能也必須立法來讓數位平台允許競爭對手進到本身的服務內。

最後，我們需要法律把平台視為就跟其他任何出版形態一樣，平台必須為本身的內容負責。這將迫使它們更積極去因應它們在閃躲的有問題課題，像是假新聞或造假機器人。

新企業

我們可以拉下的另一道控制桿是改革企業。根本的挑戰在於，有很多新的數位科技是自然壟斷，而且我們並沒有特別好的規則來因應數位壟斷。從前美國總統雷根的年代起，美國的反托拉斯法就容許壟斷，只要它沒有導致消費者的價格上漲。對於提供免費服務的公司，反托拉斯法一直以來都無力監管。

不過，現在有少數的科技公司，是靠著提供免費服務來稱霸數位空間；這些公司所稱霸的不只是電子商務、搜尋和社群媒體，還有其他許多服務，像是電子郵件、通訊、視訊和數位廣告，它們獲准靠收購敵對和互補的公司來增進壟斷。例如靠著收購 YouTube，谷歌就把壟斷擴展到了視訊，臉書則是買下了 Instagram 和 WhatsApp。

這樣一來，要擔心什麼？就算是壟斷，免費服務哪有可能缺乏競爭？問題在於，這些服務隱藏了消費者的實質成本。當服務看似「免費」時，實際上的成本勢必就會遭到隱藏：數位服務對平面新聞的衝擊是成本，裝置令人上癮是成本，失去隱私是成本，起心動念是成本，大型科技公司把比較小而靈活的競爭對手買下來而扼殺科技變革是成本。

因此，我們可能會需要分拆較大的科技公司，好讓數位市場重啟競爭。例如在遠早於二〇六二年之前，就需要把字母這家公司給打散：搜尋、電子郵件、視訊、行動作業系統，沒有一家公司該在這些空間裏全數稱霸。諷刺的是，谷歌成立字母後，反而使打散它的工作變得較為容易，它需要合為一體的主張也不攻自破。

我們也可能會需要防止科技大廠購入或合併競爭對手。二〇一二年，臉書以約十億美元收購了 Instagram。二〇一四年，它以一百九十億美元收購通訊服務上的競爭對手 WhatsApp。在遠早於二〇六二年之前，諸如此類的買賣就該禁止。在臉書收購前，Instagram 和 WhatsApp 本身都經營得非常好。而且出售後最受惠的八成是臉書，而不是消費者。

人工智慧革命可能也有賴於我們發明新類型的企業，以確保科技變革所帶來的好處是由全體共享，這樣的企業會更密切符合社會價值，它們會把更多的財富與員工和顧客共享。而且它們能把眼光放遠，對員工和營運所在的國家都會投資。

最後，我們會需要新的稅，好讓企業自行負擔社會費用。這或許代表要擴大國際合作，以防止企業藉機挑撥各國來從中得利。它或許也代表要增加採用以銷售和營業額為準的稅，因為這些都比較難規避，而且會比較直接就把所賺取的財富返還當地。

新政治

為了使二〇六二年的世界成為我們想要的樣子，政治改革是我們可能會拉下的第三道控制桿，二〇一八年的劍橋分析醜聞，反映巨量資料（大數據）對政治的腐蝕作用。為了防止有人靠最好的演算法和最多的資料在政治主張中勝出，對於利用資料來改變他人的政治看法，我們將需要以法律來設限。

或許我們應該直接防止政治訊息窄播？假如有吸引人的政治觀念，你還是可以廣播，但機器對選民的微鎖定(micro-targeting，譯按：對不同特質與背景的人投放不同的訊息)應該要列為非法，把電腦當成「說服大眾的武器」應該要加以禁絕；例如可能要防止社群媒體公司，是依照投票年齡和選舉分區之外的任何標準賣廣告。你不能以分裂的政治訊息，來鎖定未婚的千禧世代女性或退休的白人男性。假如臉書想要團結社會，它或許就該停止以這種方式來賣廣告。而且假如它拒絕自我規範，我們可能就必須立法管制。

我們甚至可能會考慮的法律是，全面禁用社群媒體來爭取選民。想像一下，世界上只允許商業而沒有政治的數位廣告？這樣的改變有個滿好的副作用是，政黨就必須把錢花在傳統媒體上，而有助於老派的新聞業在數位浪潮中維持生計。

我們也可能會決定把機器人整個從網路上禁掉。任誰都很難主張，機器人會把網路變成更好的地方。而且要禁掉它很容易。我們只要去監管，網路公司對任何用戶都必須查驗身分，只要發現機器人在竊取我們的注意力，就罰他某個百分比的營收，人聲要拿回對網路的控制權。

這還是留下了假內容的問題：假新聞、假視訊和假音訊。科技會幫上部分的忙，儘管網路在本質上屬於分權，但區塊鏈之類的科技能幫忙鑑定資料。教育也會幫上忙，例如義大利現在就在教導孩童，要怎麼辨識假新聞。然而，我們或許還是需要立法。假如平台被迫對本身的內容負起責任，那麼，假內容很快就會下架。

新經濟

到了二〇六二年，經濟是改變我們的生活中，另一個重要的領域。有鑑於人工智慧會衝擊到工作，有一些激進的新經濟將應運而生。一如工業革命，假如要確保許多人到了二〇六二年會是身處比現在更好的世界，保護勞工就不可或缺。

在我們最需要它的時候，有許多國家的工會儼然是無力又落伍，很難想像工會運動會及時自我改造，來因應人工智慧革命。假如這點正確無誤，那我們就必須指望別的機構來確保一波波科技變革，會使所有人受惠。

例如我們可能會立法，要求公司必須先重新訓練遭到資遣的員工之後，才能雇用新人，這樣的法律在現今會很管用。二〇一八年初，澳洲國民銀行（National Australia Bank，NAB）宣布，由於受到數位化衝擊，因此必須資遣六千名員工，並另外雇用兩千位具備數位技能的新人，如此冷血、赤裸裸的資本主義行為可能會遭到禁絕。在它計畫要資遣的六千名員工當中，澳洲國民銀行反而必須為其中至少兩千人再培養新技能，並且為他們找到工作，即使新工作並不是在澳洲國民銀行內。

我們也可能會要求公司，定期為員工提供最基本的教育和培養新技能。借用谷歌的觀念，我們可能會堅持員工要有兩成的時間是專門用在個人發展上。這聽起來可能會是妄想（尤其是兩成的時間），但公司最珍貴的資產通常就是人才。對任何企業來說，投資自家公司的勞動力哪有可能不是好的長期計畫？

這樣的觀念保護不大能夠保護到那些從事「零工經濟」的人，我們已經看到這些勞工遭到剝削，所以我們必定需要導入保護措施，以防止這些事繼續下去。棍子和胡蘿蔔都有可能。我們可能會要求，兼職員工所得到的福利要與全職員工一樣多，像是病假和育嬰假。同樣地，為了讓公司雇用員工而不是把他們的工作外包，我們可能會從稅務的視角來把它變得較有吸引力。

我們也可能會去確保，權力平衡是轉向對提供勞動力的人有利。零時契約（zero-hour contracts；譯按：工時可隨時調整，歸零亦不違法）之類的剝削，很可能會遭到禁絕。而且就如同公司可以選擇要開出怎樣的工時，應徵工作的人也必須能決定要接受怎樣的工時，而不用怕遭到處罰。政府也需要介入，並提供曾是由公司來提供的保障，以便連零工勞工（gig workers）都能獲得醫療保險，也能請病假、育嬰假和家庭照顧假，以及重新在職訓練。

終究來說，如果要因應到二〇六二年時所發生的傳統工作減少，這些小控制桿或許還不夠。因此，我們可能會活在全民基本收入已變得司空見慣的經濟裏。比較不激進的，則是現在多數幾乎不支薪的工作，我們可能會付費，像是照護病人、長者和帶小孩。

我們也可能會一週工作較短的時間，在許多工作有機器人代勞下，二〇六二年很可能是閒暇的時代。我們可能會有辦法對朋友、家人和社區付出更多時間；人工智慧可以幫我們實現此事。

新社會

二〇六二年，我們可能會活在詳和許多的社會裏。假如我們對照顧老弱婦孺病殘者，就跟對傳統就業裏的人一樣重視，或是更加重視，我們就會是更有愛心的社會。這樣的照護工作現在並不是機器人的工作，或許永遠都不會是；我們必須開始更重視它們才行。

我們也可能會看到創意開花結果。我在前面曾提過，這很可能會是第二次文藝復興。就算機器人能創作藝術或手藝，我們仍會更重視出自人類之手的物品或體驗。

假定我們因應演算法的偏見，二〇六二年，我們也可能會使社會公平許多。機器在決定時，將不帶有曾把我們的過去加以扭曲的歷史和文化偏見。與人類不像的是，這些機器甚至可能會有辦法為決定提出理性的解釋，我們可能已動用監管來要求它們這麼做。

社會很可能也會更平等，在適當監管下，資訊科技、尤其是人工智慧就能普遍當成很棒的水平儀，脫貧的人會多出很多，而且有很多人會享受到更舒適的生活。不過，這必須以措施來確保，人工智慧所帶來的好處是由全體共享，而不只是科技的擁有者。

最後，社會很可能會更平和。假定我們透過立法來對致命自主武器的使用設限，人工智慧反而可能會拯救而不是奪走性命：清理地雷區，幫忙提供人道援助，減少平民傷亡，以及保護軍人免於受害。

假如我們選擇得宜，人工智慧保證會使生活變得更好，不只是少數人，而是很多人。它能讓所有的人過上更健康、更富有、或許甚至是更幸福的日子。

更好的未來

二〇一六年，時任美國總統的歐巴馬（Barack Obama）表示：「假如在人類歷史的進程中，你必須選擇活在某個時候，你會選的就是這個時候，此時此地。」[2]我要從實招來：他說的其實是「此時此地的美國」。但這只是因為他沒有活在更好的地方，就像是澳洲。

歐巴馬的宣稱有點言過其實。在世界各地，這個世紀的預期壽命都大為增長。不過到了比較近期，美國的預期壽命卻因鴉片類藥物氾濫危機（opioid crisis）而開始稍微下滑。而且固然有很多人脫貧了，但在許多國家，不平等卻在增長，尤其是美國。不過，整體來說我們現在所過的日子，幾乎全都比活在一百年前的先人要好上許多。

我們過著這麼好的日子是怎麼做到的？我們靠的是擁抱科學。你常會聽到說，我們是活在「等比級數的時代」。奇點派要你相信，等比級數的科技將使世界改頭換面。其中是有一些道理。但在我們的生活所受到的等比級數改變中，最重要的一項或許不夠常提及。那就是科學本身呈現等比級數進步，這帶給我們的收穫，才是我們現今所過的日子比一百年前要好上許多的原因。

借用牛頓（Isaac Newton）的觀點，科學會呈現等比級數進步，是因為科學家能站在巨人的肩膀上；對於以前發現的所有科學知識，我們都能加以利用。而且科學以等比級數的方式快速進步，那是因為活在現今的科學家，會比過去所存活過的科學家要多，兩者都是等比級數。

在過去一世紀，不只是科學和它所打造出的科技改變了我們的生活，我們也對社會做了一些大幅改變，以因應科技變革對我們的生活所造成的顛覆。我們導入了工會、勞動法令、普及教育和福利國家之類的體制，使科技變革所帶來的繁榮為全體所共享。隨著我們進入深度科技變革的另一個時期，我們應該要記住這點。

人工智慧將大幅改變我們的世界。二〇六二年的世界，會跟我們現在過得非常不同。因此，假如要確保二〇六二年的世界會是我們想要的樣子，我們就需要大開大闔地來思考現今的社會該做的改變。

那就開始吧！

致謝

我要謝謝我的經紀人 Margaret Gee 和出版社 Black Inc.，這本書會在各位手上，他們厥功甚偉。特別要謝謝我的出版商 Chris Feik；優秀又體諒的編輯 Dion Kagan 和 Julian Welch。感謝 Kim Ferguson 使封面令人驚豔；Christina Taylor、Marian Blythe、Alison Alexanian 和 Wilson da Silva 做了一些精彩的宣傳；Nadia Laurinci 和她在 Laurinci Speakers 的團隊打理了我所有的演講邀約；Sophy Williams 則是把海外權利一手搞定。

我要謝謝的人還有很多。

家父家母幫助我走上了這條路，夢想著要打造人工智慧。

我在雪梨新南威爾斯大學（ＵＮＳＷ）、Data61 和其他地方，有許多學術界的同事提供了環境與支援，使我得以寫出本書，上自院長和校長，下至許多研究同伴和學生。

而最重要的是，我要謝謝家人和朋友照亮了我的每一天，並給了我時間來寫出**第二本書**。

原文注

按：除了標示繁體中文版出版資訊之外的中文書名均為暫譯。

第一章　數位人

1 有別於大眾認知，從太空中其實看不見萬里長城；但從低空地球軌道，則看得到吉薩金字塔。

2 一古戈爾是十的一百次方，或是一後面有一百個零，谷歌這家公司就是以拼錯的「古戈爾」來命名。

3 在澳洲，我的上一本書是以《它是活的！》（*It's Alive! Artificial Intelligence from the Logic Piano to Killer Robots*）為書名。但在英國，它是以切合英國脫歐（Brexit）的方式而採用不同的書名《機器人之夢》（*Android Dreams: The Past, Present and Future of AI*）。在美國，它的書名是《會思考的機器》（*Machines That Think: The Future of Artificial Intelligence*）。

4 關於二〇六二年，這裏有幾件好玩的事。馬斯克預測到二〇六二年時，我們就可能有住在火星上的百萬人城市。《傑森一家》（*The Jetsons*）是很紅的電視卡通，裏面有機器人女傭和飛行車，所設定的就是在它一九六二年播出後的未來一百年。要是有誰懷念一九八六年的哈雷彗星，在二〇六二年時，肉眼應該又看得見了。但假如屆時世界走入了末日，那就免談。一七〇四年時，牛頓預測天啟末日將在二〇六二年降臨。

5 在我小時候，夢想著要建造會思考的機器時，克拉克就是我最愛的科幻作家之一。克拉克曾經表示，任何足夠先進的科技都難以跟魔法區分出來。

6 我們不久後就會談到等比級數變革，但書的生產是對我們的社會造成衝擊的首批等比級數變革之一，使那個社會深切地改頭換面。

7 圖靈的通用機器是比現今的電腦顯得抽象且略偏機械式的裝置，儘管如此，它的威力毫不遜色。其中所包含的紙帶是要寫上符號；讀取頭可以解讀紙帶或把新的符號寫在紙帶上，或將紙帶往左或往右移；電子盒則是在執行各種的動作，像是解讀紙帶、撰寫紙帶或移動紙帶，端視它的內部狀態和最近所讀到的符號而定。圖靈首次描述這樣的機器是在一九三七年，參照 Alan Turing, 'On Computable Numbers, with an Application to the Entscheidungsproblem', *Proceedings of the London Mathematical Society*, Vol. 42, pp. 230–265。

8 Z80 和 6800 微處理器所下達的指令是十六進位數，或是以十六為基數。十進位數是以十為基數：一超過九就要進到十，然後是十一、十二，依此類推。以十六為基數時，數到了超過九就要用 A（等於十）、B（等於十一）、C（等於十二）、D（等於十三）、E（等於十四）、F（等於十五），然後是十（等於十六）、十一（等於十七）、十二（等於十八），依此類推。6800 微處理器的指令 DD 是以好記的「停下來並著火」而著稱到令人發噱。在這類的微處理器出現前，電腦又大又不可靠，在把電腦停下來時，總有小小的機率會導致失火。

9 諷刺的是，雖然電腦是決定論的機器，電腦科學卻是最不可重複實驗的科學之一。電腦變成了非常複雜的網路式系統。因此，要把先前實驗的條件精準地重新創造出來常常是不可能。

10 在我們的任何器官中，就屬大腦耗費的電力最多。相較之下，心臟則用不到五瓦。

11 對，在我的前一本書裏，我就建議各位真的可以跳過書中所有原文注！

12 Robert Gebelhoff, 'Q&A: Philosopher Nick Bostrom on Superintelligence, Human Enhancement and Existential Risk', *The Washington Post*, 5 November 2015.

第二章　我們的末日

1 Garry Kasparov, 'The Day That I Sensed a New Kind of Intelligence', *Time*, 25 March 1996.

2 艾羅評分是描述是西洋棋之類的兩人式賽局中，玩家的相對技巧水準。系統是以它的創造者、生於匈牙利的美國物理學教授阿帕德·艾羅（Arpad Elo）來命名。不管玩家是贏或輸，玩家的艾羅評分都會更新，並根據對手的艾羅評分來異動。要對電腦西洋棋程式的艾羅評分完全有把握會有點難，因為在巡迴賽的條件下，它所下的局數一般都太少。儘管如此，最強人類和最強電腦程式的差距現在仍大到沒為人類留下什麼可寄託的希望。

3 在圍棋賽局的第一手，持白子的棋手可以下在三百六十一處（十九乘十九）的任何地方；到了第二手，持黑子的棋手可以下在剩餘三百六十處的任何地方；到了第三手，持白子的棋手可以下在剩餘三百五十九處的任何地方；依此類推。

4. 除另有指明外，本書中的所有金額皆為美元。

5. 二〇一七年十月，DeepMind 發表了 AlphaGo Zero。這是為了改良前一版的 AlphaGo，因為它並未輸入手動訓練的特性，或觀摩過專家人類的棋局。它只有輸入圍棋的規則。所以它並不是建立在人類數千年的圍棋知識上，而是靠自己來學習每件事。自行下了三天後，它就表現出超人類級的能力。就跟我在人工智慧方面的許多同事一樣，我留下了深刻的印象。電腦才下了三天，就能超越人類的數千年。二〇一七年十二月，讓我留下了更為深刻的印象。該公司發表了Alpha Zero，是更為通用的版本，也能單靠規則就學會把西洋棋和將棋（Shogi，日本象棋）下到超人類級。不過，這些程式能否學會玩非常不同類型的賽局則不明朗（確切來說，在我看來是不大可能）。西洋棋、圍棋和將棋全都是兩人式的棋盤遊戲。舉例來說，撲克所導入的就不只是較多的玩家，還有許多新的特性，包括不確定性和人類的心理。要打贏撲克，你必須因應的是牌面的資訊不完整；而在圍棋中，雙方對於各手狀態的資訊全都一目了然。在撲克中，你還必須因應對手的心理招數，像是虛張聲勢。AlphaGo或Alpha Zero的架構都不是為了因應其中的任一特性所設計。如果要具備範疇的獨立性，DeepMind就需要去證實，同樣的程式在範圍廣泛的不同賽局中都贏得了，像是西洋棋、撲克和《星海爭霸》（*StarCraft*）。即使到那時候，Alpha Zero的演算法仍會是以玩遊戲為限。

6　AlphaGo並不是首款學會把遊戲玩到人類級的人工神經網絡。TD-Gammon是ＩＢＭ的華生研究中心（Thomas J. Watson Research Center）在一九九二年所發展出的電腦雙陸棋程式。TD-Gammon所下到的級數只略低於當時頂尖的人類雙陸棋手。它探索了人類沒有追求過的策略，提升了我們對雙陸棋的了解。它就像AlphaGo Zero，是從遊戲的規則開始，並靠自己來學會要怎麼下才好。

7　在有價值的中國市場上，AlphaGo的勝利為谷歌所帶來的關注，很可能使DeepMind在開發AlphaGo時所花的數百萬美元很合算。只不過，這或許還會反噬谷歌，因為它儼然激發了中國人去自行發展人工智慧。假如百度或騰訊之類的中國大廠有一家在谷歌前面贏了人工智慧競賽，佩吉（Larry Page）和布林（Sergey Brin；譯按：以上二位均為谷歌〔Google〕創辦人）或許會悔不當初，自己警醒了中國大型企業。

8　在航空業，黑盒子（black box；順帶一提，它完全不是黑色，通常是紅色或橘色）記錄飛機的很多內部狀態的統計值。在人工智慧中，黑盒子則是指只會看到輸入和輸出的系統。你看不見內部的狀態，以及它是怎麼把這些輸入轉變成輸出。黑盒子的相反是透明盒，內部的作業可一覽無遺。

9 中位數預測是所調查的組別中有五〇%的人預測到該年時，電腦就會趕上人類。平均數（或均值）預測則是未來的無限量時間：專家和非專家中都有少數百分比的人預測，電腦永遠不會趕上人類。

10 事實上，有一些從丹麥和美國軍方的智商測驗中所得到的證據，卻是平均的智商分數近來甚至已開始下降。

11 摩爾定律是以快捷半導體（Fairchild Semiconductor）和英特爾（Intel）的共同創辦人高登・摩爾（Gordon Moore）來命名。一九六五年，他描述積體電路上的元件數每年都會翻倍。到了一九七五年，他把這個數值下調為每兩年。摩爾定律維持了超過五十年。比較不為人知的是，它已正式退場了好幾年。就跟現實世界裏的每個等比級數趨勢一樣，勢頭必然會竭盡。在這個案例中，我們正開始遇到量子極限。國際半導體技術藍圖（International Technology Roadmap for Semiconductors）是業界機構，顧名思義就是在擘畫實現摩爾定律的藍圖。二〇一四年，國際半導體技術藍圖宣布，業界的目標不再是每兩年就翻倍。而且假如它不再是各大晶片公司所計畫的一環，那我們就可以確定它不會發生。要把電晶體再縮小，就必須蓋下一代的晶片製造廠，而它所需要的數十億美元則沒有人要投入。有趣的是，英特爾現在的目標是要減少耗能，使行動裝置能有更大的運算效能。

12 參照 Martin Ford (2009) *The Lights in the Tunnel: Automation, Accelerating Technology and the Economy of the Future*, USA, Acculant Publishing。

13 參照 Jared Diamond (2005), *Collapse: How Societies Choose to Fail or Succeed*, New York, Viking Press。

14 Paul Allen, 'The Singularity Isn't Near', *MIT Technology Review*, 12 October 2011.

15 'The Cutting Edge: A Moore's Law for Razor Blades?' *The Economist*, 16 Mar 2006.

16 Jonathan Hall, 'Taking Another Look at the Labor Market for Uber's Driver-Partners', *Medium*, 22 Nov 2016.

17 H.G. Wells predicted the laser in *The War of the Worlds*(1897), and nuclear weapons in *The World Set Free*(1914).

18 備受尊崇的荷蘭電腦科學家艾茲格・狄科斯徹（Edsger Dijkstra，一九三〇—二〇〇二）曾說過的名言：「機器有沒有辦法思考的問題……就跟潛水艇有沒有辦法游泳的問題差不多重要。」（ACM South Central Regional Conference, November 1984, Austin, Texas）

19 參照 Stephen Omohundro (2008)，'The Basic AI Drives', in Pei Wang, Ben Goertzel, & Stan Franklin (eds), *Artificial General Intelligence 2008: Proceedings of the First AGI Conference*, Frontiers in Artificial Intelligence and Applications 171, Amsterdam, IOS Press, pp. 483–492。

20 在折現未來時，最不繁複的方法就是考慮固定的時間窗口。酬賞要是在這個時間窗口之後發生，就把它忽略掉。

21 根據歷史學家李察・羅茲（Richard Rhodes）的說法，在拉塞福聲稱不可能從原子裏擷取能量的隔天，西拉德便在倫敦的布魯姆斯貝里（Bloomsbury）跨越街道時，想出了核子連鎖反應的觀念：「紅綠燈切換成綠色。西拉德走離路邊。他跨越街道時，時間在他面前裂開，他看到了通往未來的路，世間的死亡和我們所有的苦難，往後事物的形狀。」（參照 Richard Rhodes [1986], *The Making of the Atomic Bomb*, New York, Simon & Schuster）就等比級數成長的威力而言，這種核子連鎖反應是最戲劇化的例子之一。一個中子使原子分裂而釋放出兩個中子。這兩個中子使兩個新的原子分裂而釋放出四個中子。這四個中子變成八個，八個變成十六個，十六個變成三十二個，依此類推。十步之內就有上千個中子釋放出來；二十步就有上百萬個，三十步就有十來億個，四十步就有上兆個。在運算效能、資料、演算法的性能和流入學門的資金上，人工智慧現在所看到的衝擊就是類似的等比級數成長。就像是所有的等比級數，這樣的成長不會永遠持續下去，但在持續時，進展則會令人驚豔。

第三章　意識的末日

1 David Chalmers (1995), 'Facing Up to the Problem of Consciousness', *Journal of Consciousness Studies*, Vol. 2 no. 3, pp. 200–219.

2 David Chalmers (2010), 'The Singularity: A Philosophical Analysis', *Journal of Consciousness Studies*, Vol. 17, no. 9–10, pp. 7–65.

3 一九〇三年十月九日，《紐約時報》刊登了以「不會飛的飛行機」為標題的社論。它所抨擊的觀念是，人類很快就會做出飛行機。「蘭利（Langley）飛行機所企求的空中航行招致了可笑的慘敗，卻在意料之中；可能的例外則是史密森尼學會（Smithsonian Institution）把它設計出來的高貴會長和他的助理……可能要在一百萬到一千萬年後，經過數學家和機械技師的聯手持續努力，真的會飛的飛行機才可能會演進出來。」在現實裏，它並沒有花到一百萬年。在短短六十九天後，萊特兄弟就示範了用比空氣重的飛行器，在北卡羅萊納州小鷹鎮（Kitty Hawk）附近的迎風海灘上空持久飛行。人類找到了與大自然非常不同的飛行方式。

4 針對人類大腦裏可能的量子效應，更多的討論可參照 Roger Penrose (1989), *The Emperor's New Mind: Concerning Computers, Minds, and the Laws of Physics*, New York, Oxford University Press。

5. CRISPR（念法是「crisper」）意指常間回文重複序列叢集（Clustered Regularly Interspaced Short Palindromic Repeats）。它是以強大的新科技來編輯基因的基礎。《科學》（*Science*）雜誌曾把它選為「二〇一五年的年度突破」，諾貝爾獎委員會在不久的將來必定會肯定它的潛力。

第四章 工作的末日

1 在示警可能的科技型失業上，最大的一些呼聲都是來自經濟學家。所以說很諷刺的是，在我的調查中，專家和非專家最有歧見的議題，就是經濟學家在接下來的二十年間會遭到自動化的可能性。十位非專家之中有四位預測，經濟學家在接下來的二十年間會遭到自動化，八位專家之中則只有一位是這麼預測。

2 參照James Manyika, Michael Chui, Mehdi Miremadi, Jacques Bughim, Katy George, Paul Willmott, & Martin Dewhurst (2017), *A Future that Works: Automation, Employment and Productivity*, McKinsey Global Institute。

3 這個例子是經過慎選而來。蘋果的iWatch在二〇一四年六月，首次推出的HealthKit並沒有追蹤月經週期。

4 在美國，你終其一生死於車輛事故的機率約莫是一百一十四分之一。為了持平看待這點，你終其一生遭槍枝殺害的機率是三百七十分之一，死於空難的機率是九千八百分之一。你比較該擔心的八成是搭車，而不是飛行。

第五章 戰爭的末日

1 全自駕無人機是有可能，這不是我說了算；英國國防部也說過，現在就有可能。

2 我會回頭談到的宣稱是，自主武器將能遵守國際人道法，而且不會犯下暴行。跟許多支持自主武器的人所主張的相反，我主張這類的宣稱令人存疑。

3 大規模毀滅性武器常被視為有能力無差別大量殺害。自主武器並不需要無差別。確切來說，它很可能是我們所建造過最差別化的武器。不過，美國國防部只定義說，大規模毀滅性武器要「有能力高階毀滅或造成大規模傷亡」。它並沒有說這樣的武器必須是無差別。

4 為了持平看待這點，現今的影像辨識軟體在辨認人臉是遠優於十次當中會有一次正確。目前的準確度是優於二十次當中會有十九次正確。

5 主要的人工智慧大會為什麼稱為國際人工智慧**聯合**大會，這無異已隱沒在歷史的迷霧中了。不過，要見到來自全球各地的人工智慧研究人員，就要去這個地方才行。

6 參照 Steven Pinker (2011), *The Better Angels of Our Nature*, New York, Viking Books。

7 教宗方濟各或許不習慣當老三，但在軍備控管協會二〇一七年的年度風雲人物競賽中，他是第二位亞軍。而且對於敗給藉藉無名的澳洲教授，我懷疑他見怪不怪了。

8 參照 Christof Heyns (2013), *Report of the Special Rapporteur on Extrajudicial, Summary or Arbitrary Executions*, United Nations Human Rights Council。

9 二〇一七年的聯合國《禁止核武器條約》（*Treaty on the Prohibition of Nuclear Weapons*）已由五十八國簽署，並得到了其中七國批准。等有五十國批准時，它就會生效。核武國家或北約成員國（荷蘭除外）無一簽署，所以它對裁減核武的衝擊還有待觀察。

第六章　人類價值的末日

1 參照 Amit Datta, Michael Carl Tschantz, & Anupam Datta (2015), 'Automated Experiments on Ad Privacy Settings: A Tale of Opacity, Choice, and Discrimination', *Proceedings on Privacy Enhancing Technologies*, Vol. 1, pp. 92–112。

2 參照 Julia Angwin, Jeff Larson, Surya Mattu & Lauren Kirchner, 'Machine Bias', *ProPublica*, 23 May 2016。

3 Ian Tucker, '"A White Mask Worked Better": Why Algorithms Are Not Colour Blind', *The Observer*, 28 May 2017.

4 Dana Mattioli, 'On Orbitz, Mac Users Steered to Pricier Hotels', *The Wall Street Journal*, 23 August 2013.

5 在所研究的資料集裏，自駕車撞車只有十一起，肇事率的誤差範圍夠大了，自駕車在統計上很可能還是比人類開車安全。不過，你會希望看到自駕車的平均值更好，因為自駕車所開的英里數幾乎全都是在好天氣時。詳情參照 Brandon Schoettle & Michael Sivak (2015), *A Preliminary Analysis of Real-World Crashes Involving Self-Driving Vehicles*, The University of Michigan, Transportation Research Institute, Technical Report UMTRI-2015-34。

6 很少有人談到，現代形式的電車問題在五十多年前導入時，是為了討論仍困擾著諸多社會的倫理兩難：當婦女的生命有風險時，墮胎的道德性。參照 Philippa Foot (1978), *The Problem of Abortion and the Doctrine of the Double Effect in Virtues and Vices*, Oxford, Basil Blackwell（原刊登於 *The Oxford Review*, no. 5, 1967）。

7 參照 moralmachine.mit.edu.

8 「我們認為，甚至在缺乏這樣的實況原則下，藉由彙集眾人對倫理兩難的意見，事實上就能把決策自動化。」參照 Ritesh Noothigattu, Neil Gaikwad, Edmund Awad, Sohad D'Souza, Iyad Rahwan, Pradeep Ravikumar, & Ariel Procaccia (2018) 'A Voting-based System for Ethical Decision Making', *Proceedings of 32nd AAAI Conference on Artificial Intelligence*。

9 谷歌在二〇一五年重組為企業集團字母公司後，公司的座右銘從「不為惡」(Don't be evil) 改成了「為所應為」(Do the right thing)。這暗示公司倫理是朝「比較正面」來看。但我不曉得有哪位記者問過這個顯而易見的問題：字母有沒有為所應為，為使用這句話給予史派克・李（Spike Lee）適當的補償？他在一九八九年的招牌電影《為所應為》(*Do the Right Thing*) 常名列史上最偉大電影。它肯定是在我的名單上。很有名的是，前美國總統歐巴馬和前第一夫人蜜雪兒當年首次約會時，所看的電影就是它。

10 A／B 測試是經過控制的統計實驗，比較 A 和 B 變數，以決定哪種比較有效。在擔任谷歌的產品主管時，瑪莉莎・梅爾（Marissa Mayer）曾著名地使用 A／B 測試來試驗四十種不同色調的藍色，以便為超鏈結找到最好看的藍色。

11 有鑑於大學現在是以利潤為導向多過追求知識，於是便有相當諷刺的主張是，關於公司拿公眾來實驗，的確該比照大學來辦理。

12 Michael Lev-Ram, 'Zuckerberg: Kids Under 13 Should Be Allowed on Facebook', *Fortune*, 20 May 2017.

第七章　平等的末日

1 在資本主義和共產主義之外，當然是有別的選項。中國的社會主義市場經濟就是很好的有趣例子，本書稍後有更詳細的討論。中國所減少的貧窮比其他任何經濟體都要多；不過，中國的不平等也加速擴大。

2 參照 Era Dabla-Norris, Evridiki Tsounta, Kalpana Kochhar, Frantisek Ricka, & Nujin Suphaphiphat (2015), *Causes and Consequences of Income Inequality: A Global Perspective*, technical report, International Monetary Fund, June 2015, SDN/15/13。

3 參照 Martin Luther King Jr (1967), *Where Do We Go from Here: Chaos or Community?* Boston, Beacon Press。

第八章　隱私的末日

1 西北大學凱洛格管理學院（Kellogg School of Management, Northwestern University）二〇〇六年ANA資深行銷人員高峰會致詞。

2 出自撰寫中的拙作《人類二・〇》（*Humankind 2.0*）；參照 scaruffi.com/singular/bigdata.html。

3 參照 Timnit Gebru, Jonathan Krause, Yilun Wang, Duyun Chen, Jia Deng, Erez Lieberman Aiden, & Li Fei-Fei (2017), 'Using Deep Learning and Google Street View to Estimate the Demographic Makeup of Neighborhoods Across the United States', *Proceedings of the National Academy of Sciences*, Vol. 114, no. 50, pp. 13108–13113。

4 參照 Jakob Bæk Kristensen, Thomas Albrechtsen, Emil Dahl-Nielsen, Michael Jensen, Magnus Skovrind & Tobias Bornakke (2017), 'Parsimonious Data: How a Single Facebook Like Predicts Voting Behavior in Multiparty Systems', *PLoS One*, Vol. 12, no. 9, e0184562。

5 參照 Yilun Wang & Michal Kosinski (2018), 'Deep NO.Neural Networks Are More Accurate than Humans at Detecting Sexual Orientation from Facial Images', *Journal of Personality and Social Psychology*, Vol. 114, no. 2, pp. 246–257。這項研究可批評的地方不少。研究樣本極為帶有偏見。它只涵蓋了住在美國的白人，年齡在十八到四十歲之間。它認為每個人不是同性戀就是異性戀。訓練和測試資料是使用數目相等的同性戀和異性戀圖像，但在現實中，這個年齡層約莫只有七％是同性戀。研究宣稱在八一％的案例中，演算法能區分出同性戀或異性戀男性的圖像。不過，人口結構平衡的測試集在準確度上就會遜色許多。最後，這樣的研究所能得到的可能好處是什麼？開發軟體來辨識同性戀會引發巨大的風險。有十幾個國家對同性戀是處以死刑。民眾是依照各種文化和性別上的刻板印象來打扮和裝點自己；無庸置疑的是，機器學習演算法正在蒐集這些線索，但我們不需要軟體來告訴我們這些事情。

6 Bruce Schneier, '"Stalker economy" Here to Stay', *CNN.com*, 26 November 2013.

7 「政府，那是一項威脅；企業所蒐集的資訊也比該蒐集的要多。在我們現在的跟蹤狂經濟中，企業正在找出你的每件事。」Al Gore, reported at the Southland Conference, 10 June 2014。

8 Shannon Liao, 'Google Admits It Tracked User Location Data Even When the Setting Was Turned Off', *The Verge*, 21 November 2017.

9 Amar Toor, 'Uber Will No Longer Track Your Location After Your Ride Is Over', *The Verge*, 29 August 2017.

10 Matt Warman, 'Bins that Track Mobiles Banned by City of London Corporation', *The Telegraph*, 12 August 2013.

11 Siraj Datoo, 'This Recycling Bin Is Following You', *Quartz*, 8 August 2013.

12 二〇一一年時，有很多 FitBit 使用者的性事在谷歌的搜尋結果中就能找到。不過，這點現在受到限縮了。

13 Eric Schmidt, Washington Ideas Forum, October 2010.

14 谷歌已停止為了販售個人化廣告而讀取電子郵件。不過，它仍繼續為了其他目的而讀取電子郵件，像是增添行事曆的內容和建議自動化回覆。

15 Gregory S. McNeal, 'It's Not a Surprise that Gmail Users Have No Reasonable Expectation of Privacy', *Forbes*, 20 August 2013.

16 Stefan Brehm & Nicholas Loubere, 'China's Dystopian Social Credit System is a Harbinger of the Global Age of the Algorithm', *The Conversation*, 15 January 2018.

17 中國缺乏像在美國看到的那種信用評等系統，所以中國政府想要這樣的系統來幫忙應付比方說貪腐猖獗，這並非不合理，但它卻走樣成了麻煩許多的系統。

18 Jason Hiner, 'IBM Watson CTO: The 3 Ethical Principles AI Needs to Embrace', *TechRepublic*, 2 March 2018.

第九章　政治的末日

1 可能許多人不知道，邱吉爾在一九四〇年六月四日的演說並沒有記錄下來。摘錄是在英國廣播公司當晚的新聞廣播中由播報人員所宣讀。邱吉爾在一九四九年時出了錄音檔，有很多人聽了以後，很可能就會認定是出自一九四〇年。

2 Casey Newton, 'Zuckerberg: The Idea that Fake News on Facebook Influenced the Election Is "Crazy"', *The Verge*, 10 November 2016.

3 參照 Robert M. Bond, Christopher J. Fariss, Jason J. Jones, Adam D. I. Kramer, Cameron Marlow, Jaime E. Settle, & James H. Fowler (2012), 'A 61-million-person Experiment in Social Influence and Political Mobilization', *Nature*, Vol. 489, pp. 295–298。

4 「我們一向是以中立的方式來實施這些（增進投票參與度的）測試。而且我們正從經驗中學習，將來每當在鼓勵公民參與時，我們都會百分之百致力於使透明度更高。」臉書的全球商業通訊副總裁麥可・巴克利（Michael Buckley）說。引述自 Micah L. Sifry, 'Facebook Wants You to Vote on Tuesday. Here's How It Messed With Your Feed in 2012', *Mother Jones*, 31 October 2014。

5 要聲明的是，在二〇一二年的選舉中，新墨西哥州眾議院的二十七區是投成了平手。在重新計票後，共和黨候選人經宣布是以八票勝出。貌似滿合理的是，臉書在二〇一二年的實驗改變了一些結果的結局，而它們在二〇一〇年時很可能也是如此。

6 參照 'Case Study: Reaching Voters with Facebook Ads (Vote No on 8)', *Facebook*, facebook.com/notes/us-politics-on-facebook/case-study-reaching-voters-with-facebook-ads-vote-no-on-8/10150257619200882。

7 參照 Cambridge Analytica, 'About Us', ca-political.com/ca-advantage。

8 Mark Zuckerberg, 'Bringing the World Closer Together', Facebook post, 22 June 2017, facebook.com/notes/mark-zuckerberg/bringing-the-world-closer-together/10154944663901634.

9 參照 *Secrets of Silicon Valley*, Part 2: The Persuasion Machine, BBC Two, 13 August 2017。

10 二〇一七年十一月，川普的推特帳號曾遭到在公司上最後一天班的「流氓」員工短暫封鎖。有些人則呼籲，該員工應提名諾貝爾獎。

11 我要說出來才公平，我在推特（@TobyWalsh）上的追蹤者有一千四百七十六人，其中有四十一人是假帳號。

我完全不曉得這四十一個機器人是怎麼追蹤到我，又為什麼要費心追蹤我。

12 Jane Wakefield, 'Net Neutrality Debate "Controlled by Bots"', *BBC News*, 4 October 2017.

13 在我看來，反對網路中立唯一的好主張就是，造假機器人所產出的資料在排位上應該要低於人類所產出的資料！

14 聊天機器人 DeepDrumpf 是以《上週今夜秀》（*Last Week Tonight*）的節目片段來命名。約翰・奧利佛（John Oliver；譯按：該節目主持人）鼓勵民眾把川普更名為他原本的姓氏 Drumpf。

15 「我們對科技變革所需要知道的五件事」是一九九八年三月二十七日，波茲曼在科羅拉多丹佛市舉行的「新科技一九九八年大會」（New Tech '98 Conference）中所發表的演說。

第十章　西方的末日

1 參照 Marc Andreessen, 'Why Software Is Eating the World', *The Wall Street Journal*, 20 August 2011。Marc Andreessen 是創投機構 Andreessen-Horowitz 的共同創辦人，他投資了臉書、酷朋（Groupon）、Skype 和推特。在成為創投業者前，他是網景（Netscape）的創辦人之一。

2 CB Insights, *Artificial Intelligence Trends to Watch in 2018*, 22 February 2018.

3 Preparing for the Future of Artificial Intelligence, National Science and Technology Council (NSTC), October 2016.

4 參照 Alan Turing (1950), 'Computing Machinery and Intelligence', *Mind*, Vol. 59, no. 236, pp. 433–460。

5 最近我接下幫忙阿拉伯聯合大公國的政府擬訂人工智慧計畫的工作，原因是要給澳洲政府難看：澳洲不但沒有計畫，澳洲的研究人員甚至還在輔導別國要怎麼迎頭趕上。

第十一章　末日

1 「有益民眾與社會的人工智慧合作組織」(Partnership on Artificial Intelligence to Benefit People and Society）是科技業所成立的協會，為的是建立人工智慧的最佳做法，以及就人工智慧來教育公眾。它是由亞馬遜、臉書、谷歌、DeepMind、微軟和ＩＢＭ所創立；包括蘋果在內的其他幾家公司則是在不久後加入。

2 Barack Obama, 'Now Is the Greatest Time to Be Alive', guest editorial, *Wired*, 10 December 2016.

參考文獻

Robert M. Bond, Christopher J. Fariss, Jason J. Jones, Adam D.I. Kramer, Cameron Marlow, Jaime E. Settle, & James H. Fowler (2012), 'A 61-million-person Experiment in Social Influence and Political Mobilization', *Nature*, Vol. 489, pp. 295–298.

David Chalmers (1995), 'Facing Up to the Problem of Consciousness', *Journal of Consciousness Studies*, Vol. 2, no. 3, pp. 200–219.

David Chalmers (2010), 'The Singularity: A Philosophical Analysis',*Journal of Consciousness Studies*, Vol. 17, no. 9–10, pp. 7–65.

Era Dabla-Norris, Evridiki Tsounta, Kalpana Kochhar, Frantisek Ricka, & Nujin Suphaphiphat (2015), *Causes and Consequences of Income Inequality: A Global Perspective*. Technical report, International Monetary Fund, June 2015.

Amit Datta, Michael Carl Tschantz, & Anupam Datta (2015), 'Automated Experiments on Ad Privacy Settings: A Tale of Opacity, Choice, and Discrimination', *Proceedings on Privacy Enhancing Technologies*, Vol. 1, pp. 92–112.

Jared Diamond (2005), *Collapse: How Societies Choose to Fail or Succeed*, New York, Viking Press.

Philippa Foot (1978), *The Problem of Abortion and the Doctrine of the Double Effect in Virtues and Vices*, Oxford, Basil Blackwell. (Originally appeared in the *Oxford Review*, no. 5, 1967.)

Martin Ford (2009), *The Lights in the Tunnel: Automation, Accelerating Technology and the Economy of the Future*, USA, Acculant Publishing.

Timnit Gebru, Jonathan Krause, Yilun Wang, Duyun Chen, Jia Deng, Erez Lieberman Aiden, & Li Fei-Fei (2017), 'Using Deep Learning and Google Street View to Estimate the Demographic Makeup of Neighborhoods Across the United States', *Proceedings of the National Academy of Sciences*, Vol. 114, no. 50, pp. 13108–13113.

Christof Henys (2013), *Report of the Special Rapporteur on Extrajudicial, Summary or Arbitrary Executions*, United Nations Human Rights Council.

Martin Luther King Jr (1967), *Where Do We Go from Here: Chaos or Community?* Boston, Beacon Press.

Jakob Bæk Kristensen, Thomas Albrechtsen, Emil Dahl-Nielsen, Michael Jensen, Magnus Skovrind, & Tobias Bornakke (2017), 'Parsimonious Data: How a Single Facebook Like Predicts Voting Behavior in Multiparty Systems', *PLoS One*, Vol. 12, no. 9.

James Manyika, Michael Chui, Mehdi Miremadi, Jacques Bughim, Katy George, Paul Willmott, & Martin Dewhurst (2017), *A Future that Works: Automation, Employment and Productivity*, McKinsey Global Institute.

Ritesh Noothigattu, Neil Gaikwad, Edmund Awad, Sohad D'Souza, Iyad Rahwan, Pradeep Ravikumar, & Ariel Procaccia (2018), 'A Voting-Based Syste m for Ethical Decision Making', *Proceedings of 32nd AAAI Conference on Artificial Intelligence*.

Stephen Omohundro (2008), 'The Basic AI Drives', in Pei Wang, Ben Goertzel, & Stan Franklin (eds), *Artificial General*

Intelligence 2008: Proceedings of the First AGI Conference, Frontiers in Artificial Intelligence and Applications 171, pp. 483–492, Amsterdam, IOS Press.

Roger Penrose (1989), *The Emperor's New Mind: Concerning Computers, Minds, and the Laws of Physics*, New York, Oxford University Press.

Steven Pinker (2011), *The Better Angels of Our Nature*, New York, Viking Books.

Richard Rhodes (1986), *The Making of the Atomic Bomb*, New York, Simon & Schuster.

Brandon Schoettle & Michael Sivak (2015), *A Preliminary Analysis of Real-World Crashes Involving Self-Driving Vehicles*, The University of Michigan, Transportation Research Institute, Technical Report.

Alan Turing (1937), 'On Computable Numbers, with an Application to the *Entscheidungsproblem*', *Proceedings of the London Mathematical Society*, Vol. 42, pp. 230–265.

Alan Turing (1950), 'Computing Machinery and Intelligence', *Mind*, Vol. 59, no. 236, pp. 433–460.

Yilun Wang & Michal Kosinski (2018), 'Deep Neural Networks Are More Accurate than Humans at Detecting Sexual Orientation from Facial Images', *Journal of Personality and Social Psychology*, Vol. 114, no. 2, pp. 246–257.

譯名對照

按：以首度出現本書的順序排列，頁碼為提及該詞條的首頁。

專有名詞

公家機關、學校、研究機構、組織、論壇、企業、服務、系統、網站、人工智慧產物名稱

法規、報章雜誌、書籍、電視節目、電影

人名

圖表索引

國家圖書館出版品預行編目 (CIP) 資料

2062 : 人工智慧創造的世界 / 托比 . 沃爾許 (Toby Walsh) 著 ; 戴至中譯 .
-- 初版 . -- 臺北市 : 經濟新潮社出版 : 家庭傳媒城邦分公司發行 , 2019.10
面 ;　公分 . -- (經營管理 ; 158)
譯自 : 2062 : THE WORLD THAT AI MADE
ISBN 978-986-97836-5-1(平裝)

1. 未來社會 2. 人工智慧

541.49　　108015712